Hans-Jürgen Lenhart

Warten auf Queneau

www.dielmann–verlag.de

Bibliografische Information der Deutschen Nationalbibliothek unter http://dnb.dnb.de.

Gestaltung:
Urs van der Leyn, Basel
Covergestaltung:
Annette Harnecker, Wiesbaden
www.grafikbuero.com
Korrektorat: Ursula Zierlinger

Satz:
Dagmar Mangold, Agentur
für Mode und Kreativwirtschaft, Bad Soden

ISBN 978 3 86638 322 7

Hans-Jürgen Lenhart

Warten auf Queneau

Hommage an die «Stilübungen»

axel dielmann – verlag
Kommanditgesellschaft in Frankfurt am Main

Vorwort

Eines Tages saß ich zur Hauptverkehrszeit im Autobus der Linie S. Mir war auf merkwürdige Weise nicht wohl, ich fasste mir immer wieder an meinen Hals, der mir plötzlich viel länger vorkam als sonst. Dennoch täuschte ich mich. Irgendetwas stimmte danach auch nicht mit meiner Mütze. Die saß äußerst fest, wie mit einer Kordel angezogen und fast so steif wie ein Helm. Doch als ich sie abtastete, fühlte sie sich wieder normal an. Dann rempelte mich ständig mein Sitznachbar an und tat so, als wäre er selbst gestoßen worden. Er deutete dazu in die Gegend, aber auf – nichts. Ich dachte, er wolle mich foppen und beschwerte mich. Er machte jedoch weiter, so dass ich wütend und inzwischen recht beunruhigt auf einen leeren Platz flüchtete.

Zwei Stunden später wollte ich mich mit einem Kameraden an der Cour de Rome, vor der Gare Saint-Lazare treffen. Stattdessen erschien wieder der Typ aus dem Bus. Er preschte auf mich zu und rief ungefragt: «Du solltest dir noch einen Knopf an deinen Überzieher nähen.» Er zeigte mir zwar wo, doch war ich inzwischen völlig verwirrt: Ich hatte gar keinen Überzieher an! Dann verschwand der Kerl wie er gekommen war. Gespenstisch!

So ein seltsames Erlebnis vergisst man nicht so schnell, und es drängte mich, es aufzuschreiben. Vielleicht klärte sich dann einiges. Ich schrieb, überlegte, schrieb noch einmal, schrieb immer wieder und entwickelte darüber einen ungeheuren Drang, diese merkwürdige Begegnung ständig neu zu erzählen und zu Papier zu bringen. Schwülstig, verschachtelt, als Whats-App-Nachricht, stark verfremdet, als Kreuzworträtsel, in Morsezeichen,

auf Hessisch, als Kinderlied, als Gedicht. Nach einiger Zeit spielte ich sie sogar spontan als Theaterszene, sang sie als Opernarie oder rappte sie zu Breakbeats. Ich konnte einfach nicht aufhören.
Und dann geschah es. Eines Tages fuhr ich wieder im Autobus der Linie S zur Hauptverkehrszeit. Da saß der Mensch, der mich mit dieser Schreiberei infiziert hatte, erneut im Bus. Diesmal musste ich herausfinden, wer das sei. Ich griff ihn am Ausschnitt seines Überziehers und zwang ihn auszupacken. Er stellte sich als ein gewisser *Raymond Queneau* vor, Schriftsteller aus Frankreich. Er sei aber schon verstorben. Und zwar 1976. Ich antwortete, das könne nicht sein. Er stünde doch vor mir und spräche mit mir. Daraufhin lachte er und meinte, er sei zwar tot, aber das sei unwichtig, denn er sei längst unsterblich.
Dann verriet er mir, er hätte ebenfalls ein solches Erlebnis auf dieser Buslinie S gehabt und es niedergeschrieben. Auch er spürte damals den unbedingten Drang, es immer wieder anders zu formulieren und machte sogar 1947 ein Buch daraus. *Stilübungen* nannte er es. Aber niemand wollte es anfangs veröffentlichen. Lediglich ein paar Zeitschriften, die der Résistance nahestanden, nahmen ihm einige seiner *Stilübungen* ab, weil er damals mit einem dieser Texte die Amtssprache der deutschen Besatzer im Zweiten Weltkrieg lächerlich machte. Die Redakteure hätten sich den Bauch vor Lachen gehalten. Für die «Stilübungen» begann danach ein Siegeszug in der französischen und europäischen Literatur. Sie wurde zur Ikone aller Dichter und Leser, die Freude an der Sprache haben und sich für literarische Experimente begeistern.
Plötzlich sprang er auf, und ich sah, wir kamen gerade an der Cour de Rome an. Er wolle sich mit einer alten

Freundin namens *Zazie* vor der Metro treffen. Ich rief ihm noch zu, die Metro streike derzeit, aber da war er schon verschwunden. Jedoch hatte er mir im letzten Moment einen Knopf in die Hand gedrückt, der ihm wohl durch mein Zupacken von seinem alten Überzieher abgegangen war. Da stand ich nun und starrte verdutzt und ratlos auf den Knopf. Langsam sah ich klarer: Ich sollte weiterschreiben! Immer weiterschreiben! Stilübungen – was sonst?

0-Nummer

Urtext aus Raymond Queneaus «Stilübungen»[1]

Im Autobus der Linie S, zur Hauptverkehrszeit. Ein Kerl von etwa sechsundzwanzig Jahren, weicher Hut mit Kordel anstelle des Bandes, zu langer Hals, als hätte man daran gezogen. Leute steigen aus. Der in Frage stehende Kerl ist über seinen Nachbarn erbost. Er wirft ihm vor, ihn jedes Mal, wenn jemand vorbeikommt, anzurempeln. Weinerlicher Ton, der bösartig klingen soll. Als er einen leeren Platz sieht, stürzt er sich drauf.

Zwei Stunden später sehe ich ihn an der Cour de Rome, vor der Gare Saint-Lazare, wieder. Er ist mit einem Kameraden zusammen, der zu ihm sagt: «Du solltest dir noch einen Knopf an deinen Überzieher nähen lassen.» Er zeigt ihm wo (am Ausschnitt) und warum.

1 Raymond Queneau, Stilübungen, Frankfurt am Main 1990, S. 7.

1. Sortierung

Als als am an an anstelle anzurempeln aus Ausschnitt Autobus Bandes bösartig Cour daran darauf de deinen der der der der der Der des dir Du Ein einem einen einen er er Er Er Er erbost etwa Frage Gare gezogen Hals hätte Hauptverkehrszeit Hut ich ihm ihm ihm ihn ihn Im in ist ist Jahren jedes jemand Kameraden Kerl Kerl klingen Knopf Kordel langer lassen leeren Leute Linie Mal man mit mit Nachbarn noch nähen Platz Rome S sagt Saint-Lazare sechsundzwanzig sehe seinen sich sieht soll solltest später stehende steigen stürzt Stunden Ton Überzieher über und von vor vor vorbeikommt warum weicher Weinerlicher wenn wieder wirft wo zeigt zu zu zur zusammen Zwei

Abtönungen

Du.
Du, ein Knopf fehlt.
Du, da sollte einen Knopf hin.
Du solltest dir einen Knopf an den Mantel nähen.
Du solltest dir einen Knopf an den Mantel nähen lassen.
Du solltest dir einen zusätzlichen Knopf an den Mantel nähen lassen.
Du solltest dir schon einen zusätzlichen Knopf an den Mantel nähen lassen.
Du solltest dir schon einmal einen zusätzlichen Knopf an den Mantel nähen lassen.
Du solltest dir schon einmal irgendwie einen zusätzlichen Knopf an den Mantel nähen lassen.
Du solltest dir schon einmal irgendwie doch einen zusätzlichen Knopf an den Mantel nähen lassen.
Du solltest dir schon einmal irgendwie doch vielleicht einen zusätzlichen Knopf an den Mantel näh …

JAAAAAAAAAAAAAAAAAAAAAAAAAAAAAAAAAAAA! Ich habe es kapiert! Aber wooo?

Am Ausschnitt.

Akkumulation

Ein Bus. Linie S. Alt und klapprig ist er. Er fährt in Richtung Champerret. Dann der S aus der Gegenrichtung nach Contrescarpe. Sie begegnen sich. Vor dem ersten Bus fährt ein Citroen. Aber ab 17 Uhr wird der Verkehr immer dichter, selbst um 19 Uhr sind zudem noch Traktoren und ein Schwertransport unterwegs und alle werden schließlich von einem Truppentransport mit schweren Panzern überholt.

Ein Hutträger. Er sitzt in diesem S-Bus. Neben ihm ein anderer mit Mütze. Dort eine Tunesierin mit Kopftuch. Auch ein Engländer, zwei Deutsche und vierzehn Franzosen, darunter der mit Hut, fahren mit. Jetzt steigen noch ein Ägypter und seine drei Töchter dazu, was das Gedränge unerträglich macht, denn da rempelt der mit der Mütze den mit dem Hut an, dem Engländer wird deshalb auf den Fuß getreten, der wiederum stößt einem Franzosen energisch den Ellenbogen in den Bauch. Man hört immer mehr Beschwerden und die Diskussionen werden jetzt aggressiver, weil zum Beispiel dem Deutschen die Brille von der Nase gestoßen wurde und der mit dem Hut seinem rempelnden Nachbarn ins Gesicht boxt, weshalb der wiederum ihn an seinem langen Hals packt, wobei jedoch der Hutbesitzer sich die Kordel vom Hut reißt und den Rempler damit würgt, während eine Frau einer anderen eins mit der Handtasche überzieht, wobei aber nach zwanzig Minuten fürchterlichen Krawalls im Bus der Kerl mit dem Hut vor dem Rempler flieht und einen leeren Platz sucht, dazu ins andere Stockwerk des Busses stürzt, wo er sich unter den vielen

Sitzen versteckt und darüber grübelt, ob er diesen Tag überleben wird.

Zwei. Und zwar Stunden. Dazu noch eine halbe später. Da befindet sich der mit dem Hut an der Cour de Rome. Er trifft sich mit dem Eisenbahnerregiment von Saint-Lazare, dem er angehört, und die Kameraden umringen ihn, zupfen an seinem Überzieher, fragen ihn aufgeregt aus. Überall fehlen bei ihm die Knöpfe und er muss zum x-ten Male erzählen, wie er bei der Schlägerei im Bus S diesen und jenen Knopf und noch einen Knopf verloren habe, und dann kommt dieser und jener zu spät und will den und den Ausschnitt noch einmal hören. Das sehen die Leute rings umher und denken sich, da ist bestimmt was los, weshalb sie sich auch noch dazu begeben, so dass die Menschentraube immer größer wird und inzwischen das ganze Stadtviertel zusammengelaufen ist, bis das Fernsehen aufmerksam wird und darüber berichtet, was für noch mehr Zulauf sorgt, demzufolge der Ansturm bei Einbruch der Dunkelheit weitergeht und Geschäfte geplündert werden, besonders der Kurzwarenhandel.

Der S. Der nächste S-Bus. Er bleibt im Verkehr stecken. Aufgrund all dieser Vorkommnisse. Und zwar vor der Cour de Rome. Drinnen sitzt ein Mann mit Hut, der jetzt schon vier Stunden wartet. Da fährt der Bus mit einem Ruck an und der Nachbar des Hutträgers tritt diesem deshalb versehentlich auf die Quadratlatschen, wodurch der Hutbesitzer ausrastet und er dem Trampler eins überzieht, weshalb es im Nu auch hier eine Prügelei im Bus gibt, in der jeder sich mit jedem wie in einer Saloonszene im Western schlägt, weshalb jemand die Polizei ruft, die mit etlichen Mannschaftswagen kommt, wie es infolge einen

Tränengaseinsatz und Unruhen gibt und Hubschrauben über das Viertel fliegen, und später sogar die Nationalgarde eingesetzt wird, was dazu führt, dass ausländische Staaten deshalb ihre Bürger gefährdet sehen und Spezialeinheiten entsenden, wodurch es überraschend schnell zu kriegerischen Handlungen kommt, infolge dessen eine die Szenerie beobachtende außerirdische Rasse ihrem Heimatplaneten schwere Auseinandersetzungen auf der Erde meldet, wobei diesmal entgegen der üblichen Gepflogenheiten die Zentrale des Heimatplaneten einen Befehl zum Eingreifen schickt, weswegen sich zum ersten Mal seit Urzeiten Gott einschaltet und …

Anadiplose

«Heute geschah etwas im Autobus der Linie S und zwar zur Hauptverkehrszeit.»
«Aha, zur Hauptverkehrszeit.»
«Ja, ja. Da war so ein Kerl von etwa 26 Jahren.»
«26 Jahre also war der?»
«Genau! Etwa 26. Der hatte einen weichen Hut auf, so einen mit Kordel anstelle des Bandes.»
«Einen weichen Hut und dann auch noch einen mit Kordel anstelle des Bandes? Echt?»
«Ja, so einen … Hier Moment, was soll denn dein Gerede da dauernd? Musst du eigentlich immer alles wiederholen, was ich sage?»
«Nö, ich muss nicht immer alles wiederholen, was du sagst.»
«Aber genau das machst du.»
«So, so, ich mache das?»
«Merkst du das nicht?»
«Merkst du es nicht?»
«Ja, natürlich merke ich das! Ich sage es dir doch gerade!»
«Du sagst es mir gerade?»
«Also jetzt! Hörst du schwer oder was?»
«Ob ich schwer höre?»
«Jaaahaaa! Mir langt 's jetzt! Ich höre gleich auf zu erzählen!»
«Ach, du hörst auf zu erzählen? Willst dir wohl lieber noch einen Knopf an deinen Überzieher nähen?»
«Ich will mir einen Knopf an meinen Überzieher nähen? Wie kommst du denn darauf?»

«Warum du dir noch einen Knopf an deinen Überzieher nähen willst?»
«Ja, warum ich mir noch einen Knopf … Hier, Moment! Irgendwas stimmt da nicht! Jetzt wiederhole ich schon dein dummes Gequassel. Wir kommen da scheinbar nicht mehr raus!»

«Moment, wir kommen da doch raus! Ich sehe gerade, der Verlag hat hier ganz frech eine Anzeige in unseren Text geschoben, und jetzt können wir gar nichts me…

Anakoluth

Der Omnibus rast wie besessen so richtig langsam daher. Ein Jüngelchen von grob geschätzt exakt zweiundsechzig Lenzen, barhäuptig und mit Glatze, mit Hut und einer vollen Matte darunter. Sein Hals ist ein winziges bisschen superlang. Das völlig entspannt wirkende Jüngelchen ist währenddessen aufs Heftigste über seinen Nachbarn empört. Der Bubi beklagt sich heftig, dass dieser ihn kein einziges Mal anrempele, obwohl die dauerhaft herumsitzenden Passagiere ihn beim ständigen Aussteigen stets schubsen. Er will seinen Platz nicht verlassen und so hechtet er jählings auf einen freien Sitz.
In aller Eile, und zwar nach zwei Stunden, ist das Jüngelchen an der Cour de Rome verschwunden, wo es mit viel Mühe deutlich zu sehen ist. Es ist mutterseelenallein, und zwar mit einem wirklichen Freund zusammen, der sein persönlicher Feind ist. Deswegen sagt dieser in aller Ruhe dem Jüngelchen: «Versetze unbedingt deinen Knopf nach oben, weil es sieht verdammt noch mal besser aus, wenn es in alle Ewigkeit so bleibt, wie es ist.» Als das Jüngelchen fragt, welchen Knopf er denn meine, zeigt der Andere auf die Gare Saint-Lazare.

Anapher

Leute im Autobus.
Leute steigen ein.
Leute wie der Kerl mit Hut.
Leute wie der Trampel.
Leute schimpfen.
Leute flüchten.
Leute steigen aus.
Leute wie der Kerl mit Hut.
Leute treffen sich.
Leute wissen was.
Leute wissen was besser.
Leute wissen ja so was von besser.
Leute wie der Kamerad.
Leute meinen, ein Knopf muss sofort her.
Leute fummeln dazu am Mantel herum.
Leute, Leute, Leute!
Läutet 's da denn nicht bei Euch?
Leute, das ist ein Trickdieb, Leute!

Aussterbende Wörter

In der Pferdebahn der Linie S, im größten Tohuwabohu. Ein Parvenü von sechsundzwanzig Lenzen, mit Trenkerhut und oblongem Hals, als habe er diesen zu viel gereckt. Myriaden von Erdenbürgern absentieren aus dem Vehikel. Der Parvenü ist seinem Sitzgenossen gram, einem infamen Gimpel. Er räsoniert, es ergrimme ihn, von ihm persistent einen Knuff zu bekommen. Dies sei nicht schicklich. Es molestiere ihn zutiefst. Um der Schikane ein Ende zu bereiten, retirierte er sich, hin auf einen brachen Sitz.
Zwei Glockenschläge der Turmuhr später eräuge ich ihn abermalig an der Cour de Rome. Er ist mit einem Hagestolz zusammen, der ihm einbläut: «Mich dünkt, Du solltest dir flugs einen Knopf an deinen Überzieher nähen lassen behufs einer stattlicheren Erscheinung!» Der Parvenü erschaut hurtig den Logos des Geheißes und schwadroniert über diese Exposition in einer bacchantischen Aufwallung.

Automatisch ersetzt
(Schreibfehler akzeptierend)

Am Otto putz der Linie Ä, zur Hupverkehrtzeit. Ein Karl von ewig Sechsachser Haaren, welcher Mut mit Krodel nastelle des Bundes, zu langärmeliger Halsabschneider, als hütte man darin gelogen. Der im Fracke stehlende Karl ist über seine Nacktbar verlost. Er wirirft ihm vor, ihn spätes Maul, wenn niemand vorzeit brummt, umzuampeln. Wienerlicher Sohn, der basssartig kringeln soll.
Als er einen fairen Blitz sieht, strüzt er sich draufend.Drei Tunten Spießer säge ich ihn am Chor de Dom, vor der Garküche de Lazarett weiter. Er pisst mit einem Kamel zasummen, der zu ihm singt: «Du tolltest dir noch einen Kopf an deine Hantel Zecken prassen.» Er geigt ihm wo (am Austritt) und wie Rum.

Bathos

Paris zur Hauptverkehrszeit. Ein unerträglicher Lärm. Überall Busse, Autos, Taxis, Motorräder, Rettungswagen, die Feuerwehr, Kehrmaschinen, Laster und – ein Mann auf einem Kinderfahrrad.

Die Leute, Passagiere und als Fahrgäste verkleidete Menschen im dicht besetzten Bus der Linie S drängeln, stoßen, schubsen, treten, boxen, hauen, rempeln. Der Mann mit dem Kinderfahrrad, der soeben eingestiegen ist, schwebt in den Kurven eher sanft dahin.

Man brüllt und telefoniert, motzt und kotzt, lacht und singt, rülpst und schimpft. Der Typ hat einen leichten Schluckauf.

Alles ist voll, bis auf den letzten Platz besetzt, noch nicht mal ein Blatt Papier passt zwischen die Leute, man kann auf keinen Fall umstürzen. Da saust er mit seinem Kinderfahrrad auf den Behindertensitz.

Pünktlich zwei Stunden, nein, 120 Minuten, um nicht zu sagen 7200,00 Sekunden und gar ein Viertausenddreihundertachtzigstel des Jahres später, nun, um genau zu sein, jetzt – ist er an der Cour de Rome, vor der Gare Saint-Lazare.

Frankreich hat rund 67 Millionen Einwohner, Paris 2,2 Millionen plus den Kollegen, den der Radler trifft.

Die Französische Revolution stellte einst die Weichen für neue Ausdrucksformen. Der Empire-Stil des frühen 19. Jahrhunderts wich den Designs des Engländers Charles Frederick Worth, der sich 1845 in Paris niederließ und als Begründer der Haute Couture, der «gehobenen Schneiderei», gilt. Ihm folgten weitere Modeschöpfer und so kam es dazu, dass der Kollege jetzt seinem Freund mit dem Kinderfahrrad rät, sich einen Knopf am Mantelausschnitt anzunähen.

Bekannt

Der Bus.
Der Kerl.
Der Hut.
Der Nachbar.
Der Platz.
Der Kamerad:
- - -
Na?
- - - - - -
Na? Na?

Ach, du weißt doch, wie es endet.

Bloß nicht einschlafen

Ich war entsetzlich müde. Die Fahrt mit dem S-Bus in die Innenstadt dauerte noch mindestens eine halbe Stunde. Also suchte ich mir ein stilles Plätzchen im Bus und schlief ein. Trotz des üblichen Lärms in öffentlichen Verkehrsmitteln hatte ich wohl, bedingt durch meine Erschöpfung, sogar einen Traum. Ich sah einen Mann mit einem merkwürdig langen Hals, auf dessen Kopf ein altmodischer Hut saß und der auf der Cour de Rome stand. Ich griff ihn mir am Kragen seines Mantels, wodurch der oberste Knopf abriss, und sagte zu ihm: «Du solltest dir vielleicht einen zusätzlichen Knopf an den Mantel nähen lassen. Na, wie wär's?»
In diesem Moment wurde ich derart angerempelt, dass ich erwachte. Es hatte sich jemand auf den Platz neben mir gesetzt, und ich erschrak darüber zutiefst, weniger über dessen Anrempelei als über die Tatsache, dass es der Mann war, den ich soeben im Traum am Kragen gepackt, ihn aber noch nie zuvor gesehen hatte. Vor lauter Bestürzung floh ich auf einen anderen Sitz. Kurz darauf hielt der Bus. Ein weiterer Mann stieg ein und setzte sich auf den Platz, auf dem ich vorher saß. Da packte mich erneut das Grausen, denn der Mann war – ich selbst.
Plötzlich überkam mich eine unbändige Müdigkeit …

Brevitas

Bus. S. Verkehr.
Kerl, Hut. Hals.
Rempeln. Streiten. Flüchten.
Treffen. Raten. Nähen.
Knopf. Faden. Nadel
abgebrochen …

Cliffhanger

Im S, zur Stoßzeit. Ein nervös wirkender, junger Mann zieht seinen Hut in die Stirn, so dass man sein Gesicht nicht sieht. Ab und zu reckt er seinen auffallend langen Hals, um zu sehen, ob ihn einer verfolge. Da setzt sich jemand neben ihn, ein Kerl mit Sonnenbrille und im schwarzen Anzug. Er rückt immer näher und scheint bedrängen zu wollen. Jetzt bloß keine großen Auffälligkeiten produzieren, sagt sich der Mann. Bevor der Drängler ihm vielleicht eine Knarre in die Seite drücken kann, springt er auf und ruft laut: «Aber sicher! Für Gebrechliche mache ich gerne den Platz frei!» Dann stürzt er mit einem artistischen Satz ein Stockwerk tiefer. Noch während der Fahrt springt er aus dem Bus, der Drängler immer hinter ihm her. Der Mann sprintet über ein Autodach, rennt durch den dichten Verkehr, schubst einen Motorradfahrer vom Sitz und schnappt sich dessen Motorrad, springt von dort aus auf einen Laster, versteckt sich in dessen Planen, klettert außen herum in den Führerstand des Lasters, schmeißt den Fahrer hinaus, rast über eine Brücke in die Seine und schwimmt ans Ufer. Endlich, nach zwei Stunden, scheint er den Drängler los zu sein. Er begibt sich schließlich vor die Gare de Saint-Lazare.

Plötzlich öffnet sich neben ihm eine Litfaßsäule. Der Drängler tritt heraus und grinst. Der Mann flüchtet zu einem Taxi, doch drinnen sitzt schon wieder der Drängler. Jetzt rennt er in den Bahnhof, reißt die Tür eines fahrenden Zuges auf, doch der Drängler versperrt ihm den Weg. Nun läuft er zur Bahnhofstoilette. Heraus kommt der Drängler und sagt: «Nicht so schnell, mein Freundchen! Ich glaube, dir fehlt da ein Knopf am Mantel! Schau mal, was ich hier für dich habe!» Dann langt er blitzschnell in sein Jackett und in diesem Moment …

Cliffsavior

… zieht er eine Schatulle mit einem großen, äußerst wertvollen Knopf sowie Nadel und Faden heraus und sagt: «Hier, Bruder, du hast die Jagd bestanden. Das ist das Aufnahmegeschenk für unsere Bruderschaft. Ein alter Brauch in unserer Gemeinschaft, verstehst du? Sei uns willkommen! Komme doch heute Abend um Mitternacht in die Loge. Da nähen wir dir den Knopf in einer feierlichen Zeremonie an deinen Überzieher dran und danach gehörst du ganz und gar zu uns.»

Damals

Wir beide waren ständig zusammen!
Wir waren unzertrennlich!
Wir hatten absolut die gleiche Meinung!
Wir waren von unseren Zielen fanatisch überzeugt!
Wir demonstrierten fast jedes Wochenende an der Cour de Rome
Wir waren voller ungebrochener Solidarität!
Wir hatten dabei als gemeinsames Merkmal Hüte mit Kordel!
Wir waren gegen die Stilllegung der Buslinie S!
Wir waren gegen die Überbelegung der Busse!
Wir verfluchten diese karrieristischen Langhälse!
Wir beide waren immer zusammen!

Wir sahen uns heute zufällig an der Cour de Rome.
Wir erkannten uns erst gar nicht.
Das heißt, ich erkannte ihn, aber er mich wohl nicht.
Er hatte irgendwie Ähnlichkeit mit diesen Langhälsen.
Er warf mir was in meinen Becher und ging sofort weiter.
Erst später sah ich, dass es kein Geldstück war, sondern ein Knopf.

Das Hutformular

Nein! NEIN! Niemals wieder! Der Hut kann mir gestohlen bleiben! Ja, dieses Arschloch da im Bus war daran schuld! Ich sag's doch! Der stößt mich, mein Hut fliegt mir vom Kopf und da wir auf der Plattform waren, fliegt er davon! Ich renne noch aus dem Bus und kaum bin ich draußen, sehe ich, der Hut hatte sich jedoch an einer Stange auf der Plattform verfangen. Er war also nicht weg, aber der Bus war fort. Ich am nächsten Tag zur Buszentrale da am Gare Saint-Lazare ins Fundbüro. Und da, da ging es dann los! Ich glaube, die spinnen! Hier schau doch mal! Das kann ja wohl nicht wahr sein! Ich habe das Formular extra mitgenommen! Das ist doch krank! Willst du's hören? Willst du's wirklich hören? Echt wirklich? Na gut! Du hast es so gewollt! Pass auf!
Das Formular hat 15 Seiten und die allein beziehen sich nur auf verloren gegangene Hüte. 15 Seiten! Ja! Doch, doch! Was heißt wieso? Hör dir's an! Also, da wird erstmal gefragt nach Farbe, Größe, Umfang, Geschlecht … Nein, Geschlecht nicht vom Hut, sondern vom Hutträger! Dann Randbreite der Krempe, Gewicht, Kronenhöhe … Ja, ich habe auch gesagt: Ich suche keine Krone, bin ja schließlich nicht der Kaiser, sondern einen Hut, einen simplen, normalen, einfachen Hut! Was soll das? Ich weiß noch nicht mal, dass es verschiedene Größen gibt, und dann soll ich auch noch das Gewicht vom Hut wissen! Spinnen die?
Oder hier: Winter- oder Sommerhut? Ich setz den Hut auf, wann ich will, verdammt! Das lass ich mir doch nicht vorschreiben! Nein, nein, jetzt geht's erst richtig los! Mein Hut war ja nicht irgendein Hut, mein Hut hatte ja

eine Besonderheit! Und da wurde es dann so richtig kompliziert! Ja, das sag ich dir. Mein Hut – hatte nämlich eine Kordel! Ha, von wegen einfach mal Kordel ankreuzen! Da gibt es die Kordel unterm Kinn wie beim Cowboyhut, die Kordel auf der Krempe wie beim Trachtenhut, die Kordel mit zwei Quasten wie beim Priesterhut, die Kordel, die an der Uniform befestigt ist wie beim Reiterhut der Kavallerie, die Kordel …
Ja natürlich! Ich könnte ja durchaus einmal mit meinem Pferd im Autobus der Linie S gestanden haben und da hätte ein Indianer urplötzlich mit seinem Pfeil mir den Hut vom Kopf schießen können! Ist alles in dem Formular erfasst! Genau! Jede auch nur im Entferntesten denkbare Möglichkeit!
Dann ging es weiter: Speziellere Hutformen: Sonnenhut, Safarihut, geht ja noch. Aber hier: Clownshut, Sepplhut, Räuberhut, Gangsterhut … Ja, was glauben die denn, wer ich bin? Stellen die sich vor, ich gehe ins Fundbüro und sage: «Schönen guten Tag auch! Ich bin beruflich Gangster! Sie geben mir jetzt sofort alle Gangsterhüte, die sich in Ihrem Lager befinden oder Sie sind ein toter Mann! Ohne Gangsterhut kann ich schließlich meinen Beruf nicht ausüben. – Und dann antwortet man mir: ‹Sofort! Füllen Sie bitte erstmal dieses Formular hier aus!›»
Und richtig kompliziert wurde es dann beim Material. Da war ich ja erst auf Seite drei des Formulars! Wusstest du, aus wie vielen Materialien Hüte sein können? Hach, von wegen Filz! Wenn's so einfach wäre! Hier, pass auf: Filz vom Schaf, Filz vom Kaninchen, Filz vom Biber, Filz vom Chinchilla, dann Filz mit Wolle vermischt, Filz glatt, Filz rau, Filz dicht, Filz langhaarig … Nein, das ist kein Hippiehut! Dann Filzhut gepresst, Filzhut rollbar …

Hilfe! Ich will weder meinen Hut rollen noch mich *mit* meinem Hut rollen. Ich – will – ihn – aufsetzen! AUFSETZEN! Jawohl! Ich habe dem Angestellten gesagt: Ich dachte immer, Hüte sind zum Aufsetzen da! Ist das jetzt anders oder was? Rollen Sie sich morgens mit Ihrem Hut etwa den Bürgersteig entlang, wenn Sie sich zur Arbeit begeben oder was? Da sagt der mir: «Ein weicher Dschungelhut ist zum Beispiel rollbar, um ihn im Koffer bei einer Reise unterbringen zu können.»
Sage ich: «Ich falte meinen Hut, wenn ich ihn in den Koffer packe!»
Er wieder: «Rollbar ist aber nicht faltbar!»
Ich denke: «Wo bin ich hier? Jetzt ist Schluss!» und brüll ihn an: «Ich weigere mich, Ihr idiotisches Formular auszufüllen! Mein Hut hatte eine Kordel, war weich und schwarz! Sie zeigen mir jetzt alle Hüte mit einer Kordel! So viele wird es doch nicht geben, die hier im Fundbüro liegen oder?»
Was heißt hier «und»? Nix und! Sechsundzwanzig Hüte hat er gebracht, fünf davon hätten es sein können, aber sie sahen alle gleich aus! Ich hatte keine Chance herauszufinden, welcher von denen meiner war!
Aber weißt du, was ich jetzt mache? Ich fahr zur Cour de Rome. Dort gibt es einen Hutladen und ein Kurzwarengeschäft. Ich kauf mir einen neuen Hut und einen Knopf und den nähe ich mir dann an den Hut, am besten vorne, wo ihn jeder sieht! Was heißt hier: Sieht beschissen aus? Wenn dieser Hut dann verloren geht und taucht im Fundbüro auf, dann werde ich ihn sofort erkennen können. Jawohl! Verdammt noch mal!

Der falsche Bus

Irgendetwas erschien mir heute anders im Bus. Es begann damit, dass mir der Bus ungewöhnliche Geräusche zu machen schien, als ich sie gewohnt war. Sie erinnerten mich an das Schnarchen meines Großvaters, warum auch immer. Aber vielleicht täuschte ich mich und so beruhigte ich mich wieder. Dann bemerkte ich, da fuhr wie jeden Tag dieser komische Gesell im Bus S mit, aber etwas stimmte nicht mit ihm. Ich wusste zunächst nicht was, dann sah ich es. Sein gewöhnlich abnorm langer Hals schien mir heute um Etliches kürzer geworden. Enorm kürzer sogar! Ich würde sagen, mindestens um 26 Zentimeter. Natürlich wirkte er damit wesentlich gedrungener, was durch den tiefer sitzenden Hut noch verstärkt wurde. Ich konnte mir das nicht erklären, denn der Mann fuhr nun schon etliche Jahre mit mir im gleichen Bus. Eine Täuschung war ausgeschlossen, er musste es sein.
Dann geschah etwas Seltsames. An einer Ampel war mir, als würden die Autos neben dem Bus auf einmal rückwärtsfahren. Bevor ich das näher prüfen konnte, waren sie aber aus meinem Gesichtsfeld verschwunden, und ich vertiefte mich in meine Zeitung. Nach einer Weile geschah wieder etwas. Plötzlich schien der Bus nicht mehr zu halten. So konnte auch niemand aussteigen. Alle schauten sich verstört an. Aber keiner rannte deswegen aufgeregt herum oder rempelte andere an. Sie wirkten wie erstarrt. Zusätzlich entdeckte ich, dass auch ein Sitz abmontiert war, der sonst immer für Behinderte ausgewiesen war. Oder war ich etwa versehentlich im falschen Bus gelandet? Ich wurde immer nervöser und spielte mit meinem Knopf an der Jacke, bis er abriss.

Die Fahrt dauerte länger und länger, mindestens doppelt so lange wie gewöhnlich. Nach zwei Stunden hielt der Bus endlich an der Cour de Rome. So sagte es die Anzeige. Möglicherweise hatte ich einen Fernbus erwischt, ohne es zu merken, und der komische Gesell da war garantiert jemand ganz anderes. Oder wie? Verdammt, ich sah auf einmal nirgends an der Cour de Rome den Gare Saint-Lazare!

Der Hutfetischist

Die Zeit im Bus. Hupverkehr.
26 Kerle.
Zu langer Halt. Zwei Stunden.
Die Kordel. Als hätte man daran gezogen.
Jemand schlurft vorbei. Kein Busfahrschein.
Leute schweigen sich aus. Alle zugeknöpft.
Der stehende Kerl kommt in Frage.
Der Hutfetischist.
Da! Wo?
Man stürzt sich auf ihn.
Doch er platzt. Hat sein Soll überzogen.
Man packt die Kamera wieder zusammen.

Der Pechvogel

Der Mann mit dem langen Hals war froh, dass sich sein alter Schulkamerad mit ihm an der Cour de Rome traf. In letzter Zeit hatten sich zu viele seiner Freunde von ihm zurückgezogen, ohne dass er sagen konnte, woran es lag. Allerdings war es ihm etwas peinlich, ausgerechnet heute so lädiert auszusehen. Er hatte eine Beule an der Stirn und erzählte, dass er Streit mit einem Rüpel auf der Herfahrt mit dem Bus bekommen hatte. Dieser hätte ihn beim Hinsetzen fast vom Sitz gestoßen, sich nicht einmal entschuldigt, sondern ihn vielmehr, als er sich beschwerte, sogar noch verbal angegriffen und im darauffolgenden Streit an eine Stange geschubst. Dadurch sei die Beule entstanden. Da er dem Rüpel körperlich unterlegen war, habe er das Weite gesucht. Das wäre ausgerechnet vor dem Treffen Pech gewesen, von dem er leider in der letzten Zeit mehr als genug habe.
So hatten sie bereits ein Gesprächsthema und beschlossen, in ein Café in der Gare Saint-Lazare zu gehen. Als der Pechvogel dort seinen Mantel aufhängte, bemerkte sein Freund, dass ihm daran ein Knopf abhandengekommen sei. Der Pechvogel gab ihm Recht und nahm den fehlenden Knopf zum Anlass, zu erzählen, warum dieser fehle. Seine ehemalige Freundin, eine Haitianerin, habe ihm diesen in einem Wutanfall vom Mantel abgeschnitten. Vor nicht allzu langer Zeit fand sie heraus, dass er schon mehrfach fremdgegangen sei. Sie sei daraufhin zu ihm gekommen, stellte ihn zur Rede und trennte sich von ihm. Kurz bevor sie ging, zog sie plötzlich eine Schere aus ihrer Handtasche, woraufhin er einen Schrecken bekam. Sie beabsichtigte aber nicht, auf ihn einzustechen,

sondern schnitt nur einen Knopf seines in der Diele hängenden Mantels ab, nahm den Knopf mit und verschwand. Seit diesem Tag ging unheimlich viel schief, was ihm das Leben allmählich zum Albtraum werden ließ. Er bekam einen juckenden Ausschlag am Bauch, baute mit seinem Wagen einen Unfall mit großem Blechschaden, weswegen er heute auch mit dem Bus kam, und verlor seinen Job. Merkwürdig fand er zudem, dass sich seine Ex danach öfters am Telefon meldete, um zu fragen, wie es ihm gehe, dabei aber wenig tröstende Worte fand und sehr knapp blieb. Er aber sei allmählich mit den Nerven am Ende und könne sich sein großes Pech in so kurzer Zeit nicht erklären.

Der Schulfreund, ein welterfahrener Mann, der sich mit geheimnisvollen Dingen gut auskannte, packte seinen Freund am Arm und sagte sehr eindringlich: «Hör zu, es ist mir ernst! Ich glaube zu wissen, was da los ist. Du musst dir unbedingt so schnell wie möglich von deiner Ex den fehlenden Knopf wieder besorgen, egal wie schwer dir das fällt. Wenn du ihn hast, reibst du ihn mit der Asche von verbranntem Bilsenkraut und einem Brei aus Mehl, Whisky und Honig ein, dabei rufst du laut Kalfun und Ougun um ihre Hilfe an – Frage jetzt bitte nicht, warum und wer das ist! – und nähst den Knopf an deinen Mantel! Hast du mich verstanden? Vertraue mir, so und nicht anders wird dein Unglück aufhören!»

Und genauso geschah es.

Der Ratschlag

Er war zwar erst 26, aber während andere in seinem Alter das Leben genossen, hatte er es im Grunde aufgegeben, von seinem Dasein etwas zu erwarten. Er stieg in den Bus und setzte sich neben jemanden.
«He, passen Sie doch auf!», empörte sich sein Sitznachbar, stand auf und suchte sich demonstrativ einen freien Platz. Dabei war der andere Passagier mit ziemlicher Sicherheit überhaupt nicht angerempelt worden. Nun saß er allein, versank in sein graues Dasein und fing an zu grübeln.
«Die Leute meiden mich. Mir passiert das dauernd. Aber was soll ich machen?»
Er seufzte, und es fiel ihm wieder ein, dass er noch nie eine Freundin hatte und eben der Typ war, den man in der Schule immer hänselte. Punktum.
«Ein Glück», sagte er sich, «dass ich heute Zazie treffe. Sie ist eine ganz andere Marke als ich, hat immer eine Idee und ist so lebenslustig. Sie ist die Einzige, die mich etwas aufbaut. Hoffentlich kommt sie auch. Sie ist manchmal recht schusselig.»

Als er Zazie an der Cour de Rome traf, erschien sie verspätet. Die Metro habe gestreikt. Sie bemerkte seine Stimmung, fragte, was los sei. Er klagte ihr sein Leid. Zazie schaute ihn streng an und meinte dann:
«Weißt du was? Du solltest dir endlich einen ziemlich großen Hut kaufen, den immer ins Gesicht drücken und einen Schal unter die Augen wickeln, wenn du mit dem Bus fährst. Vielleicht auch noch einen zusätzlichen Knopf oben an dem Mantel nähen lassen. Wegen

deines Halses, verstehst du? Ich meine es ja nur gut mit dir.»

Er dachte kurz nach, dann sah er sich auf dem Platz um. Zazie hatte Recht. Er besaß nun mal keinen schön gewachsenen, langen Rüssel, der ihm aus dem Gesicht ragte, wie die anderen, sondern eine Erhebung, die seine Ärzte Nase nannten. Auch waren seine Ohren höchstens ein Zehntel so groß wie diese wunderbaren, wedelnden Lappen seiner Mitmenschen, und statt einer gepflegten grauen, faltigen Runzelhaut hatte er eine hässliche glatte und ziemlich helle Haut. Auch war seine Kopfform völlig anders und ihm wuchsen seltsamerweise Haare auf dem Kopf, die er sich aber täglich abrasierte. Sein Hals war lang und dünn im Vergleich zu dem sinnlich in die Schulter übergehenden Hals Zazies.

Zazie hatte Recht. Er war eine Missgeburt, vor der sich die anderen ekelten, und sein Äußeres musste nicht jeder sofort sehen.

«Du bist wirklich die Einzige, die sich Gedanken um mich macht, Zazie», sagte er. «Ich danke dir aus tiefstem Herzen. Hier hast du mein letztes Stück Zucker. Gib mir deinen Rüssel.»

Die Rede

Meine sehr Verehrten, sehr verehrten Versehrten und verehrten mit Vers Geehrten!
Lassen Sie mich einmal etwas. Die Situation des öffentlichen Nahverkehrs ist. Jawohl, sie ist. Ich bin neulich. Nämlich im Autobus der Linie S. Da habe ich beobachtet, wie. Und zwar angerempelt. Der Hut vom Kopfe. Er beschwerte sich, aber offensichtlich. Daraufhin ergriff er und woanders hin.
Zwei Stunden später, allerdings zufällig. Ich sage nur Gare Saint-Lazare. Der junge Mann mit Hut. Und ein Kamerad. «Du solltest dir wieder den Knopf!» Aha! Offensichtlich war er ihm abgerissen worden, denn. Es muss also noch zwischen dem Herrn und dem Rempler. Und zwar nachdem ich.
Meine sehr Verehrten, Sie sehen. Erstens, viel zu wenig Busse, zweitens, macht die Leute aggressiv, drittens – viertens. Es grenzt schon an ein Wunder, dass nicht. Meine Partei hat bereits frühzeitig. Die Anzahl der Busse muss dringend. Aber was ist geschehen? Es fahren inzwischen nur noch und so hat sich die Anzahl der Fahrgäste pro Bus sogar erhöht! Ein Skandal! Ähnlichkeit mit Viehtransportern. Jawohl!
Dies kann so nicht! Und daher fordere ich den Herrn Verkehrsminister, umgehend. Wir müssen doch, und das habe ich schon immer. Wenn aber, und das möchte ich noch mal betonen. Es kann nicht sein, dass im Sinne dieser. Wer hat denn, und das sollte man vor diesem hohen Hause einmal aussprechen, und, meine Damen und Herren, warum auch nicht? Und so frage ich den Herrn Verkehrsminister: Er hat doch einen langen Hals, als hätte man daran gezogen. Dann soll er diese anatomische Besonderheit auch einmal sinnvoll einsetzen.

Dies noch Sagen

Ich bin nun mal hier, um das zu sagen, und ich sage das jetzt auch, ich wiederum sagte zu ihm, da sagte er, so sag doch, ich sage also, was heißt denn das, dann stell dir mal vor, sage ich, dann sagte er, und überhaupt sage ich dir, sag es, sag es einfach, so sag schon, ich meine, du weißt, das sagte ich ja schon, das kann man so nicht sagen, versuche ich doch die ganze Zeit zu sagen, das ist es, ich sage ja was ich meine, gut, du weißt, was ich damit sagen will, und ich habe ja was zu sagen, aber das sagt ja nichts, sag es, versuch es zu sagen, was du meintest, ich sage das, was ich sagen wollte, das versuchte ich damit zu sagen, nun gut, ich lasse mir aber nichts sagen, da sagte ich einmal, was ich noch sagen wollte, was ich darüber zu sagen weiß, dass ich gesagt haben soll, wenn ich es dir doch sage, um das Sagen zu haben, sage ich es meinem Kinde, und so sage ich und sage ich, und plötzlich weiß ich, was es ist, was ich dir so Wichtiges zu sagen habe, und so sage ich es jetzt einmal so:
«Du solltest dir einen zusätzlichen Knopf an den Mantel nähen lassen.»

Der Satz

Im S, zur Stoßzeit. Ein Typ, ungefähr sechsundzwanzig, weicher Hut mit Kordel statt Band, zu langer Hals, als hätte jemand daran gezogen. Da stößt ihn sein Sitznachbar an und zeigt aus dem Fenster. Auf einer riesigen Reklametafel steht als einziges der Satz:
«Du solltest dir einen zusätzlichen Knopf an den Mantel nähen lassen.»
Beide schauen sich verdutzt an und verstehen nicht, was das soll. Einige Minuten später kommt eine Durchsage des Fahrers:
«Achtung! Ich bitte den Herrn da hinten mit dem langen Hals, sich umgehend einen zusätzlichen Knopf an den Mantel nähen zu lassen.»
Die Fahrgäste lachen. Der junge Kerl schüttelt den Kopf und fragt sich, ob ihm hier jemand einen Streich spielt oder das eine neue Werbekampagne eines Modeunternehmens sei. Dann kommt eine Haltestelle. Einige Leute, die aussteigen, zeigen plötzlich auf den Typ mit dem Hut und rufen:
«Du solltest dir einen zusätzlichen Knopf an den Mantel nähen lassen.»
Erschrocken springt der junge Mann auf, sieht umher und ist völlig irritiert. Sicherheitshalber wechselt er den Platz. Da kommt der Schaffner auf ihn zu, und meint, als ihm das Ticket gereicht wird:
«Fahrscheinkontrolle! Ihr Ticket gilt aber nur für die Zone A. Da müssen Sie sich leider noch einen zusätzlichen Knopf an den Mantel nähen lassen», und zeigt auf den Mantelausschnitt. Im gleichen Moment versteht der Schaffner plötzlich selbst nicht mehr, warum er das gesagt hat und verzieht sich völlig verunsichert.

Der junge Mann bekommt einen Schreck. «Was war das denn?», sagt er sich. «Jetzt langt 's! Irgendetwas stimmt hier nicht.»
Dann ruft er mit seinem Handy die Polizei an, doch am anderen Ende hört er nur in einer Bandschleife sich wiederholend: «Du solltest dir einen zusätzlichen Knopf an den Mantel nähen lassen. Du solltest dir einen zusätzlichen Knopf an den Mantel nähen lassen. Du solltest ...»
Er schaut verwirrt nach draußen. Die anderen Busse auf der Straße haben alle Werbeschriften, die lauten: «Lasse dir noch heute einen zusätzlichen Knopf an den Mantel nähen.»
Da ein Unfall. Die Fahrer stehen vor ihren Autos. Einer brüllt den anderen an: «Du Idiot! Wer so wie du fährt, kann wahrscheinlich noch nicht mal einen zusätzlichen Knopf an den Mantel nähen.»
Auch die anderen Fahrgäste benutzen zunehmend unfreiwillig den Satz und geraten in Panik. Selbst der Aufdruck auf der Fahrkarte des Mannes lautet mit einem Mal: «Du solltest dir einen zusätzlichen Knopf an den Mantel nähen lassen.»
Da rennt der Typ schreiend aus dem Bus.

Zwei Knöpfe später steht er abgehetzt auf der Cour de Knopf und trifft sich mit einem alten, langjährigen Knopf, den er sich zusätzlich am Mantel nähen lassen sollte. Dieser zeigt ihm endlich und deshalb solltest auch du dir jetzt einen zusätzlichen Knopf an den Mantel nähen lassen.

Der Störer

Ein junger Kerl mit viel zu langem Hals und zerknautschtem Hut fährt im S-Bus. Er sieht recht zerrupft aus. Ihm ist ein Schuh abhandengekommen, er hat Blut auf der Hose und von den drei Knöpfen seines Mantels fehlt der mittlere. Ein etwas korpulenter Herr setzt sich neben ihn und streift ihn dabei leicht. Sofort springt der Kerl auf und beschimpft diesen aufs Übelste, was er sich einbilde, ihn ohne Grund vom Sitz zu stoßen. Er habe ihn verletzt und er werde ihn verklagen. Dann gibt er ihm noch alle möglichen beleidigenden Namen. Als der Beschimpfte seine Verblüffung verarbeitet hat und ihm darauf erwidert, er habe ihn ja nur versehentlich leicht berührt und er, der Kerl, solle sich wieder einkriegen, wandelt sich dessen Stimmung abrupt. Unter Ausstoßen einiger theatralischer Behauptungen, man habe versucht, ihn umzubringen, flüchtet er, die Arme hochwerfend, auf einen freien Platz in gebührendem Abstand von seinem Sitznachbarn und starrt diesen heftig schnaufend an. Als nächstes untersucht er seinen Mantel. Nach einer Weile schreit er plötzlich wie am Spieß: «Ein Knopf ist ab! Gebt den sofort her, ihr Verbrecher! Wenn ich einen von euch mit meinem Knopf erwische, dem drehe ich den Hals um!» Schaum läuft ihm aus dem Mund. Die anderen Fahrgäste halten den Atem an oder verlassen entsetzt den Bus. Als der Bus in die Cour de Rome einfährt, stürzt sich der Kerl brüllend auf einen Mann, der ihn mit einer Kamera filmt. «Cut! Ist im Kasten! Sehr überzeugend! Aber lass dir am besten einen neuen Knopf an den Mantel annähen! In der nächsten Szene muss der wieder ordentlich aussehen!»

Die Fortsetzung

Der Kerl aus dem Autobus mit dem Hut geht am Nachmittag in eine Änderungsschneiderei und lässt sich noch einen Knopf an den Ausschnitt seiner Jacke nähen. Er sah ein, wie es schon sein Kamerad ihm geraten hatte, dass die Jacke ohne den Knopf immer von den Schultern rutschte. Danach steigt er erfreut in den S, in dem auch der Flegel von der Hinfahrt mitfährt. Erneut wird er von ihm ständig angerempelt. Da der Kerl jetzt keine Angst haben muss, dass ihm beim Aufstehen die Jacke herunterrutscht, baut er sich vor dem Rempler auf und brüllt ihn zusammen. Der flüchtet zitternd auf einen freien Platz.

Zwei Stunden später sehe ich ihn mit Hut, jetzt auch noch mit Band anstelle der Kordel, an der Cour de Rome wieder. Er streckt seinen Hals derart lang, als hätte man daran gezogen. Seine ganze Körperhaltung wirkt dadurch anders. Die Jacke sitzt tadellos. Monsieur ist jetzt eine stattliche Erscheinung, vor dem die feinen Herren den Hut ziehen und nach dem die Damen verstohlen schauen. Offensichtlich ist er ganz stolz, sich von niemandem mehr den Schneid nehmen zu lassen. Allerhand, was so ein neuer Knopf doch alles ausmacht!

Die Herrenhandtasche

Schäbige Häuser, von belanglosen Graffitis übersprüht, zogen am Fenster des Busses vorbei. Der Regen peitschte ans Glas und hinterließ dabei ein interessantes Wassermuster. Wie eine Abstellkammer der Großstadt wirkten diese verkommenen Stadtviertel, durch die der Bus der Linie S fuhr.
Im Inneren des Busses saß ein Mann, den man mit seinem braunen Filzhut und der Kordel auf der Krempe sowie der Trachtenjacke am ehesten für einen Jäger vom Land hätte halten können. Er wühlte ungeduldig in seiner Herrenhandtasche mit Schlaufe. Dabei brachte er zwar Nähzeug und eine Zigarettenpackung zum Vorschein, doch ausgerechnet der altsilberne Münzknopf, der ihm von der Trachtenjacke abgegangen war, stellte sich als unauffindbar heraus. Dieser passte nun mal zu einem anderen seiner Art, mit dem er die Jacke gewöhnlich über ein Kettchen verschloss. Er wollte die Zeit der langen Busfahrt nutzen, den Knopf anzunähen.
Im Inneren der Tasche hielt der Mann plötzlich eine kleine Muschel in der Hand und wunderte sich, wo diese herkam. Genervt setzte er seine Suche fort, denn es konnte nicht sein, dass ein solcher, durchaus imposanter Knopf verschwunden war. Weitere größere Gegenstände kamen ihm in die Hand und er legte sie auf seine Knie, um sie beim Suchen nicht ständig wieder in die Hand zu bekommen: eine Sonnenbrille und eine Tube Sonnenschutzcreme. Merkwürdigerweise erinnerte er sich nicht, diese in die Tasche gesteckt zu haben. Aber wo war nur der Münzknopf? Er suchte immer hektischer, weil er nicht glauben konnte, dass er sich irgendwie getäuscht

oder ihn verloren hatte. Dabei wurde ihm warm. Dies konnte aber auch an der Sonne liegen, die sich auf einmal zeigte. Mit Kopfschütteln reagierte er auf weitere Objekte, die aus dem letzten Urlaub am Mittelmeer übriggeblieben sein mussten, wie eine Miniluftmatraze als Schlüsselanhänger. Beim Blick nach draußen bemerkte er plötzlich, dass der Bus jetzt an einer großen Grünfläche vorbeifuhr, in deren Mitte ein recht griechisch wirkendes Haus stand, welches er, obwohl er die Strecke gut kannte, dort noch nie bewusst wahrgenommen hatte.
Er beschloss, keinesfalls aufzugeben. Als nächstes hielt er eine Eintrittskarte für einen tropischen Garten in der Karibik in der Hand und staunte darüber, wie lange sich Dinge in einer Handtasche halten. Der Bus fuhr jetzt durch einen afrikanisch geprägten Stadtteil. Eine Farbige mit Dreadlocks und einem Hühnerkäfig in der Hand stieg ein. Ihm war noch nie aufgefallen, dass die Straße an diesem Stopp gar nicht asphaltiert war. Vielleicht baute man sie aber nur um.
Warum fand er erst jetzt einen zusammengefalteten, aufblasbaren Gummiball für das Schwimmbecken in seiner Tasche? So etwas kommt einem doch beim Suchen meist als Erstes in die Hand. Bald musste er an seinem Zielort sein: Der Park mit dem See zog schon draußen vorbei. So groß war er ihm nie vorgekommen. War es noch nebelig vom Regen vorhin, weil er das andere Ufer des Sees nicht erblicken konnte? Das Wasser zeigte sogar Wellen. Wahrscheinlich war mit dem Regen vor zwanzig Minuten auch ziemlicher Wind aufgekommen. Dennoch kam es ihm inzwischen noch schwüler vor.
Ein Fingerhut tauchte auf, aber kein Knopf! Plötzlich hörte er einen durchdringenden, trompetenartigen Stoß, der ihn erschreckte. Der Bus bremste und fuhr an eine

Haltestelle in einer Gegend, die ihm völlig fremd vorkam. Dann entdeckte er, woher der Ton gekommen war. Tatsächlich stand neben dem Bus ein Elefant und überall tummelten sich Menschen in bunten, langen Gewändern. Es waren unzählige mit Turban dabei. Der Verkehr auf der Straße war chaotisch. Ein Gewusel von Autos, Mopeds, dreirädrigen Kleinlastern, Fußgängern, Radfahrern mit Anhängern, auf denen teilweise eine unglaubliche Last wie zum Beispiel 30 Autoreifen transportiert wurden, und dazwischen ständig streunende Kühe. Der Mann sah aufgeregt umher und staunte immer mehr. Irgendetwas stimmte hier nicht. Auch die Schrift auf dem Schild der Haltestelle war unlesbar. Es wirkte, als ob er sich in Indien befände, aber wenn er vor einer halben Stunde aus dem Pariser Zentrum losgefahren war, konnte dies unmöglich sein. Das beunruhigte ihn zutiefst. Er wusste zunächst nicht, was er tun sollte, biss sich zitternd in den Handballen und versank in eine Art Apathie. Plötzlich stieß ihn jemand unsanft an, redete in einer fremden Sprache auf ihn ein und deutete nach draußen. Da merkte er, dass er der letzte Insasse war und alle Fahrgäste den Bus längst verlassen hatten. Wieder winkte ihn der Andere, bei dem es sich um einen Uniformierten handelte, mit einer diesmal wesentlich fordernden Geste nach draußen. Auf einmal merkte der Mann, dass der metallene Knopf an der Manschette der Uniform seines Gegenübers absolut dem Münzknopf glich, den er in seiner Herrenhandtasche gesucht hatte.

Die Namenlosen

Im Bus der Linie S sitzt ein junger Mann mit Hut und langem Hals, den wir inzwischen kennen dürften, aber er kennt sich nicht einmal selbst zur Genüge. Das merkt er erst, als sich neben ihn ein anderer Typ setzt. Der rempelt ihn dabei versehentlich an und entschuldigt sich dafür aber gleich. Zugleich weist er den Jüngeren darauf hin, dass diesem ein Knopf am Mantel fehle, und er empfiehlt ihm, sich einen anzunähen zu lassen. Der bedankt sich und bemerkt, dass er so etwas in der Regel durchaus selbst mache, weil er damit nicht unbedingt seine Frau belästigen wolle. So kommen sie in ein durchaus nettes Gespräch, bis der Mann mit Hut dem anderen das Du anbietet und ihm dazu sagen möchte, wie er heißt. Doch ausgerechnet in diesem Moment fällt ihm seltsamerweise sein Name nicht ein. Sein Gegenüber will die Situation überspielen, indem er sich stattdessen vorstellen möchte, jedoch auch er kommt nicht darauf, wie er heißt. Beide lachen zunächst darüber, können sich das aber nicht erklären und sind völlig verwirrt. In ihrer Verzweiflung über so ein unglaubliches Erlebnis und auch, weil keiner der beiden einen Ausweis oder Ähnliches dabeihat, um ihre Namen sogleich nachprüfen zu können, hat der mit dem Hut eine Idee. Er sagt, dass er an der Cour de Rome aussteigen will, um dort einen Bekannten zu treffen, und der werde mit Sicherheit wissen, wie er heiße, und auch helfen können, den Namen seines Sitznachbarn herauszufinden, denn er sei ein studierter Mensch. Der Andere willigt ein, und so treffen sie vor der Gare Saint-Lazare den Freund des Hutträgers. Sie erzählen ihm etwas verschämt ihre unerklärliche Gedächtnislücke, und der junge Mann bittet ihn, ihm nun seinen Namen zu nennen. Doch der Freund weiß ihn plötzlich genauso wenig und gesteht, dass er zudem ebenfalls seinen eigenen Namen vergessen habe und dazu auch nirgends nachsehen könne. Alle Drei beschleicht jetzt ein Gefühl der Angst. Als sie weiter heftig darüber diskutieren, wie dies sein könne, kommt dem Freund plötzlich die Erleuchtung.

Er sagt, es müsse damit zu tun haben, dass ihre Namen in dieser Geschichte bisher gar nicht erwähnt wurden und es somit kein Wunder sei, sich nicht an sie zu erinnern. Sie könnten höchstens herausfinden, wer die Erzählung geschrieben habe und sich an diesen wenden. Das erscheint ihnen aber zu aufwändig, und so gehen sie lieber zu dritt einen trinken. Nachdem sie genügend Alkohol intus haben, macht es ihnen aber nichts mehr aus, ab jetzt Hutträger, Sitznachbar und Freund zu heißen.

Die Todesanzeige

Am 21.2.1952 ereignete sich in Paris eine mehr als ungewöhnliche Begebenheit. An diesem Tage schlug ein Mann in seiner Wohnung die Zeitung auf und blätterte zu einer Rubrik, die ihn sonst nie interessierte – zu den Todesmeldungen. Nach kurzer Zeit rief er aufgeregt seine Frau und teilte ihr mit, er lese gerade voller Überraschung eine Anzeige, aus der hervorginge, er sei verstorben. Seine Frau meinte jedoch, dies müsse ein Irrtum sein, denn er säße zweifelsohne quicklebendig vor ihr, und dass sich da jemand einen schlechten Scherz erlaubt habe. Er solle doch mal an seinem Arbeitsplatz anrufen, ob man etwas wisse. Der Mann rief umgehend den diensthabenden Sekretär an und erfuhr, dass alles in Ordnung sei. Es stimme, er sei tot! Und er solle heute Nachmittag gleich hinfahren, die ganzen Formalitäten klären. Außerdem wolle man wissen, wen er als seinen Nachfolger sehe, und er könne auch gesagt bekommen, wer zur Trauerfeier käme und eine Rede halte. Daraufhin berichtete der Mann seiner Frau mit Achselzucken. Diese bemerkte, dann sei wohl einiges zu regeln, und er solle gleich den Zahnarzt abbestellen. Er hätte nächste Woche einen Termin. Der Mann dankte für die sorgsame Erinnerung, und ihm fiel dadurch ein, was sonst noch zu erledigen war: Versicherungen kündigen, Zeitungen abbestellen usw. Es sei überhaupt unglaublich, was man da alles organisieren müsse. Seine Frau erinnerte ihn jedoch daran, er habe jetzt als Verstorbener genügend Zeit. Aber zuerst wollte der Mann ins Leichenschauhaus fahren. Es würde ihn zutiefst interessieren, wie er als Leiche aussähe. Er hoffe, er sei noch einigermaßen ansehnlich. Seine Frau lachte und sagte, auch als Toter sei er attraktiv. Daraufhin zog er Überzieher und Hut an, den mit der Kordel anstelle des Bandes, und begab sich zum Leichenschauhaus.

Der frisch Verstorbene setzte sich dazu in den Autobus S. Dort ärgerte er sich über seinen Nebenmann. Er protestierte schließlich dagegen, dass dieser ihn jedes Mal, wenn jemand vorbeikam, anzurempeln schien. Der Beschuldigte entgegnete, er habe nur versucht ihm zu sagen, es lohne sich nicht, ins Leichenschauhaus zu fahren. Erschrocken darüber, dass der Nebenmann sein Fahrtziel wusste, ohne es selbst erwähnt zu haben, floh der Verstorbene auf einen leeren Platz. An der Cour de Rome, vor der Gare Saint-Lazare stieg er schließlich aus.

Im Leichenschauhaus teilte man dem Mann aufgeregt mit, seine Leiche sei plötzlich nicht mehr auffindbar. Man hätte keinerlei Erklärung dafür. Dies verunsicherte den Mann. Um darüber seine Gedanken zu ordnen, ging er ins nächstgelegene Café. Dort bestellte er einen Grog und eine Nussecke. Während er letztere aufaß, kam ihm folgender Gedanke. Ohne Leiche ließ sich nirgends etwas beweisen. Seine Frau bekäme vielleicht die Lebensversicherung nicht ausgezahlt, und es gab bestimmt noch viele weitere Probleme. Dann beschloss er, morgen wieder ins Leichenschauhaus zu fahren. Beim Verlassen des Cafés vergaß er allerdings seinen Hut.

Am nächsten Tag erlebte der Mann dort das gleiche Spiel. Seine Leiche war immer noch nicht aufgetaucht, und man versicherte ihm, alles zu tun, um das zu klären. Schließlich könne es ohne die Leiche keine Beerdigung. Noch ratloser als am Vortag beschloss der Mann wieder ins Café zu gehen, und bestellte erneut einen Grog und eine Nussecke, was ihm aber wiederum keine neuen Ein-

fälle zur Lösung des Rätsels bescherte. Beim Verlassen des Cafés vergaß er diesmal seinen Hut und zudem noch seinen Überzieher. Das Ritual wiederholte sich an die sieben Tage. Jedes Mal vergaß er eine Sache mehr. Er hatte zugleich die vergessenen Gegenstände immer wieder neu besorgt, da er sich merkwürdigerweise nicht erinnern konnte, wo er sie liegen gelassen hatte. Inzwischen stellte das Café sogar einen extra Ständer für seine Sachen auf. Zuletzt hingen da sein Hut, Überzieher, Schirm, Hose, Hemd, Unterhemd, Unterhose, Schlips, und unten standen noch die Schuhe, denn die Vergesslichkeit des Manns nahm mit seinen sorgenvollen Gedanken immer mehr zu. Dies endete allerdings an dem Tag, als der Mann sich selbst im Café vergaß und so überhaupt nicht mehr kam.
Am gleichen Tag tauchte die Leiche des Manns wieder im Leichenschauhaus auf. Sie war mit all den Sachen bekleidet, die der Mann im Café vergessen hatte. Als seine Leiche entdeckt wurde, wachte sie auf, und als die entsetzten Angestellten ihn befragen wollten, wo sie die ganze Woche über gewesen sei, entgegnete die Leiche des Manns, sie hätte jetzt keine Zeit, stand auf, ging aus dem Leichenschauhaus hinaus und begann ein gänzlich anderes Leben. Nur am Überzieher saß ein neuer Knopf, der Hut hatte ein Band statt einer Kordel und der Hals des Manns schien etwas kürzer zu sein.

Die Unsichtbaren

Ein Lehrling fährt allein im S-Bus. Da wird er angestoßen. Als er seinen Hals langmacht, sieht er niemanden, der es gewesen sein könnte. Dabei war der Stoß so stark, dass ihm sein Hut vom Kopf fiel und sich sogar die Schnur an der Krempe löste. Er kann sich dies nicht erklären, zumal ihm das Fahren über eine starke Bodenwelle als Ursache aufgefallen wäre. Der Stoß fühlte sich eindeutig wie von einem Menschen ausgeführt an. Da wird dem Jungen unheimlich, und er setzt sich auf einen anderen Platz.

Zwei Stunden später wartet er an der Cour de Rome. Plötzlich spürt er ein Ziehen an seinem Poncho und sieht, wie an einem der Knöpfe von einer unbekannten Kraft derart stark gezogen wird, dass dieser abreißt.
Vor Schreck rennt er schreiend davon. Da sieht er in der Menge einen Kameraden aus der Werkstatt. Er läuft auf ihn zu, doch dieser scheint ihn nicht zu sehen. Daraufhin versucht der Lehrling, seinen Kameraden anzuhalten, will ihn am Mantel greifen, doch – er greift ins Leere. Auf einmal merkt er, dass sich auch seine Hand merkwürdig transparent ansieht …

Dysphemismus

In einer Klapperkiste der S, im Wahnsinnsverkehr. Ein vorpubertärer Jammerlappen, so ein Aluhut mit Dünnschissstreifen statt Tesa dran, Giraffenhals. Der Pöbel trampelt nach draußen. Der Aluhut pisst den Honk neben ihm an. Er stänkert rum, dass der Honk ihm immer, wenn sich so ein Knallkopp durchmogelt, eine Delle reinfahren würde. Er quengelt und quäkt auch noch dabei. Dann fläzt er sich auf dem Behindertensitz.

Zwei Bier später erwische ich ihn am Bahnhof Saint Lazare in der Nähe der Dealerecke. So ein Ameisentätowierer tuschelt da mit ihm: «Scheuch doch mal deine Alte, dass sie dir den Knopf da anflickt!»

Ein universelles Ereignis

Es hatte mehrere Milliarden Jahre gedauert, aber dann war der Tag gekommen, den bereits die Maya vorausgesagt hatten: Sonne, Merkur, Venus, Erde, Mars, Jupiter, Saturn, Uranus und Neptun standen alle in einer Linie. Eine Konstellation, die so selten im Sonnensystem ist, dass sie seit Existenz der Menschheit an diesem Tage zum ersten Mal überhaupt vorkam. Manche Experten und viele Propheten sagten voraus, dass dadurch eine Kraft entstehen würde, die die Erde zum Zerbersten brächte, und der Weltuntergang bevorstünde. Die Erdbevölkerung geriet in Angst und Schrecken. Und tatsächlich, als im Autobus der Linie S ein extrem langhalsiger Kerl von etwa sechsundzwanzig Jahren mit einem Jägerhut hinzustieg, sprang ihm plötzlich ein gerade neu angenähter Knopf vom Mantel ab, ohne dass er dafür die geringste Erklärung hatte.

Eine Frage der Kosten

Was heißt hier «Bloß acht Zeilen»? Das wird trotzdem teuer, sage ich Ihnen! Da haben Sie schon mal den Autobus. Den zu mieten, kostet Sie mindestens 200. Dann drei Schauspieler, je nach Drehzeit, schätze ich zusammen 1500 mit Mehrwertsteuer. Und kriegen Sie erst mal einen Burschen mit so einem langen Hals! Der wird dann natürlich gleich mehr verlangen für seine schöne Gurgel. Die Komparsen verursachen dagegen ein Vermögen. Der Bus soll ja zur Hauptverkehrszeit fahren und da muss er voll besetzt aussehen. Oder Sie filmen das Ganze direkt in einem Autobus der Linie S. Der ist immer voll. Da brauchen Sie aber eine Drehgenehmigung, wofür man auch was löhnen muss. Und einer sollte den Platz, den einen da, freihalten. Noch mal Auslagen. Also ich schätze, da sind Sie schon bei 4000. Dagegen machen sich die speziellen Utensilien, Hut mit Kordel und vielleicht auch der Überzieher und so ein Knopf für die Großaufnahme, unbedeutend aus. Dann das Filmteam, die Ausrüstung usw.
Überlegen Sie sich das noch mal! Ein halbes Vermögen, nur um so eine idiotische Geschichte verfilmen zu wollen! Das interessiert im Endeffekt niemanden! Was? Große Kunst soll das sein? Also, ich bitte Sie! Dabei kommt nicht mal ein Werbespot für Knöpfe raus!

Erwischt

Ein junger Vollbärtiger fährt im S-Bus. Er hat einen Hut auf, den er sich sehr ins Gesicht drückt. Ab und zu sieht er sich nervös um und dehnt dabei seinen Hals richtig stark nach hinten. Als sich ein Fettwanst neben ihm hinknallt, erschrickt er und flieht auf einen anderen Platz in Ausgangnähe. Bei der nächsten Haltestelle springt er schnell heraus.

Zwei Stunden später steht er vor der Gare Saint-Lazare. Da kommt ein Mann auf ihn zu, tippt ihm von hinten auf den Kragen seines Mantels und sagt: «Dir fehlt da ein Knopf. Den solltest du dir annähen. Und dafür wirst du ab jetzt viel Zeit haben.» Dann schnappen die Handschellen zu.

Falsche Erinnerungen

«Ich finde, in Raymond Queneaus *Stilübungen* wird der Ausgangstext vor lauter Variationen fast ad acta gelegt, obwohl er, möchte ich sagen, sehr treffend die Irrelevanz in der Komplexität der Inzidenzen moderner Urbanität beschreibt. Diesem Text gelingt übrigens eine ausgeprägte lyrische Reduktion. Vielleicht sollte man ihn sich deshalb einmal in Erinnerung rufen. Du weißt ja wohl hoffentlich noch, wie er geht?»
«Verachte nicht meinen Bildungshintergrund! Selbstverständlich ist er mir bekannt. Schon der Anfang ist doch unvergesslich. Da heißt es ja: *Vor der Metro Linie S, während des Streiks.*»
«Ich bitte dich! Das verwechselst du völlig mit Queneaus Roman *Zazie in der Metro.* Die *Stilübungen* beginnen mit *Im Autobus der Linie S, zur Hauptverkehrszeit.*»
«Erzähle so etwas nicht einem ausgesprochenen Queneau-Kenner wie mir! Es war auf jeden Fall die Metro. Doch dann kommt jener Mann daher, der sich über einen jungen Kerl beschwert, weil der sich auf seinen Hut gesetzt hat, so dass dessen Kordel abplatzte.»
«Also, mir platzt auch gleich was und zwar der Kragen. Der junge Kerl, der war das mit dem Hut, aber den hatte er auf dem Kopf und er beschwert sich vielmehr über seinen Nachbarn, weil der ihn dauernd anrempelt und nicht umgekehrt.»
«Nie und nimmer! So einen Jägerhut mit Kordel trägt heute kein junger Mensch. Wenn, dann hat der Schaffner einen Hut getragen. Schaffner müssen einen Hut tragen, weil man sie so als Dienstpersonal erkennt!»

«Also, der Schaffner hatte damit gar nichts zu tun, sondern nur der Nachbar. Ich zweifle, ob du den Text überhaupt gelesen hast.»

«Also, bitte! Ich habe ihn regelrecht verschlungen! Vielmehr hast Du ihn nur oberflächlich überflogen.»

«Der junge Mann beschwert sich über seinen Nachbarn, weil dieser ihn anrempelt. Aber dann flüchtet er auf einen freien Platz. Eine einfache Tatsache, die man sich doch memorieren kann.»

«Das stimmt aber eben nicht! Ein Nachbar ist nur insofern ein Nachbar, wie er neben jemandem wohnt. Deshalb ist es unwahrscheinlich, dass es sein Nachbar war. Das hat mit logischer Stringenz zu tun, mein Lieber, jawohl! Übrigens saß da auf dem freien Platz schon ein Eisbär.»

«Wie bitte? Nie und nimmer!»

«Ich gebe dir diesmal Recht, es waren zwei Eisbären, sehr schlecht gelaunt und rosa.»

«Also, da kommen überhaupt keine Eisbären darin vor.»

«Du glaubst zu viel und liest zu wenig. Die einzelne Idee steht doch für das große Ganze!»

«Welche Idee denn?»

«Queneau schrieb hier einen fortschrittlichen Arztroman und hinter einem Arztroman steckt immer eine holistische Idee.»

«Holistisch! Wenn ich das schon höre! Um Gottes Willen, das war auch kein Arztroman, sondern ein kurzes literarisches Experiment.»

«Du könntest Recht haben. Der Bus war surrealistisch.»

«Quatsch, du unterschlägst im Übrigen auch noch den Knopf.»

«Richtig, das Ersatzrad des Busses bestand aus einem Knopf. Zwischen den Passagieren saßen Giraffen, die plötzlich zu brennen anfingen. Die Uhren an den Handgelenken der Leute begannen zu schmelzen. Überall im Bus gab es dadurch Verletzte und Blut. Und der angerempelte Mann war der Arzt, der sofort zu helfen anfing. Ich sage doch, es ist ein Arztroman.»

«Ich weiß nicht, welchen Text von Queneau du da gelesen haben willst, aber ehrlich gesagt, spinnst du jetzt völlig.»

«In der Komplexität der Inzidenzen moderner Urbanität ist das doch heute absolut irrelevant.»

Fehler

Im Autobus der Linie S, zur Hauptverkehrszeit. Ein Kerl von etwa sechsundzwanzig Jahren, weicher Hut mit Kordel anstelle des Bandes, zu langer Hals, als hätte man daran gezogen. Leute steigen aus. Der in Frage stehende Kerl ist über seinen Nachbarn erbost. Er wirft ihm vor, ihn jedes Mal, wenn jemand vorbeikommt, anzurempeln. Weinerlicher Ton, der bösartig klingen soll. Als er einen leeren Platz sieht, stürzt er sich drauf.

Zwei Stunden später sehe ich ihn an der Cour de Rome, vor der Gare Saint-Lazare, wieder. Er ist mit einem Kameraden zusammen, der zu ihm sagt: «Du solltest dir noch einen Knopf an deinen Überzieher nähen lassen.» Er zeigt ihm wo (am Ausschnitt) und wuram.

figura etymologica

Ein Sechsundzwanzigjähriger auf der Sechsundzwanzig,
sitzt da auf jenem Sitz,
fährt automatisch im Automatik-Bus,
behütet seinen Hut,
langt sich an den langen Hals,
erbost sich über einen Bösen,
spielt dessen Spiel nicht mit,
platziert sich auf den leeren Platz.

Zur vollen Stunde stündlich,
vor der Gare man sieht ihn sichtend,
um Zweie dann zu zweien.
Ein kameradschaftliches Kameradentreffen.
Ein sich Vorknöpfen wegen eines Knopfes.
Ein Zeigen mit dem Zeigefinger.
Dies Fehlen des Knopfes sei ein Fehler.
Dies Nähen des Knopfes an der Naht.
Dies tun, eine gute Tat.

S begann übrigens alles im S.

Firlefantsarie

Das Vielleutfahrding zeigt ein S! Fahrer beschwipst? Ein holzbankhinternanpresslicher Hutling, erst so 312 Monate auf Erden, mit Wickelhanf on top. Er streckt seinen halsigen Arm aus, macht mit dem Greifer auf Köpfchen. Aussteigende steigen aus, aber nur ein Aussteiger ist dabei. Der Hutling wird zum Bösinator. Ein Rammbockler immerschubst seinen Wabbel an den Hutling, wenn Vorbeikommerer schlenzdurchen. Eine gesehene Sitzleere und schon schwuppdiwuppt der Hutling sich hin.

Einen Dreihundertsechzigstel Monat später ist der Hutling zur Kur in Rom. Er zusammst kameradschaftlich mit einem kameradschaftlichen Kameradschaftskameraden. Dieser ratschlagert: «Mach mal da eine Nähknopferei an deiner Ausschnittumsäumung!»
Der Hutling findet das aber überzogen.

Flarf

Bahnhof Saint-Lazare
Sternstunden eines Schauplatzes
Wachsmantel Unisex
im Busse entdeckt
Wohl liegengelassen
Eher nicht zu gebrauchen
die Knöpfe innen
Beinschlaufen
also eher was fürs Country
hinten Reitschlitz
mit seitlicher Einschubmöglichkeit
Also beim Busfahren auf Nachbarn aufpassen
Na ich weiß nicht
Einziger Vorteil
hoher Kragen
damit ist bei geeignetem Hut
zum Beispiel dem dazu passenden Wachshut
auch der Hals verdeckt
sollte er etwas zu lang sein
Ein Freund empfiehlt für drunter
bauchfreie halb durchsichtige Baumwollbluse
Ausschnitt mit Kordel locker gerafft
Kordelschnur Material 61% Baumwolle, 39% Polypropylen
darunter einen weißen BH
und dunkelblaue Shorts sowie Tennisschuhe
Mit weinerlicher Miene kam sie zu ihm
Er fragte
Du möchtest oder kannst nicht nähen

Fort

Der Mann steigt in den Bus S, seinen Jagdhut mit Kordel auf den Kopf drückend. Als der Bus an der Cour de Rome vorbeifährt, springt er auf und rempelt versehentlich einen Passagier an. Er hat sich getäuscht. Er glaubte, einen guten Bekannten vor der Gare Saint-Lazare gesehen zu haben, aber es war ein anderer.
Schade. Er vermisste die kleinen, scheinbar unwichtigen modischen Ratschläge seines Freundes. Sie hatten ihm dennoch immer geholfen, sogar sehr geholfen. Es fing damals an mit der Krawatte. Nachdem er sich die gekauft hatte, wozu ihm sein Freund geraten hatte, klappte es mit den Verabredungen mit den Damen, und er fand bald eine Braut. Dann die Schuhe. Es war dieses bestimmte Modell, auch schwarz wie die, die er immer hatte, aber sein Freund riet ihm zu einer Marke, die 40 Prozent teurer war. Er folgte seinem Rat und bekam den Job. Eigentlich war es absurd, doch wurde er das Gefühl nicht los, dass die richtigen Schuhe bei der Bewerbung das ausschlaggebende Moment für seinen Erfolg waren. Und so ging es immer weiter. Der Jagdhut war im Grunde lächerlich, doch er wurde zu seinem Markenzeichen als Sänger. Inzwischen kopierten ihn manche schon damit. Und dann das mit dem Knopf. Der Mann wollte es nicht glauben, aber sein Freund wirkte wie ein Glücksbringer. Der Mann hatte jetzt mehr Selbstbewusstsein, gesundheitliche Beschwerden verschwanden und noch einiges wandte sich zum Besten. Und dann kam dieser Freund einfach nicht mehr, war unauffindbar. Und seitdem ging es mit ihm rasant bergab. Richtig bergab.

Fremdenführung

«Mesdames et Messieurs. Ich begrüße Sie ce soir zu unserer Tour de l'Autobus S aus Raymond Queneaus 'Exercices de Style'. S'il vous plaît voir à la gauche: ´ier ist die Stelle in der Rue de Courcelles in Richtung Place Champerret, wo der junge Mann mit dem Cou de la girafe – Wie sagt man?»
«Giraffenhals!»
«Genau, Giraffen'als, merci! Jedenfalls 'ier wurde der junge Mann von seinem Nachbarn ständig geschüpst.»
«Wer war denn dieser Schupser?»
«Ah, oui! Es gibt eine Gerücht, dass Queneau selbst den Mann geschüpst 'at, um zu schauen, was passieren würde. Mais, vous savez... Sur la droite est maintenant le Cour de Rome, auf dem der ´eld der Geschichte ein Freund traf, der ihm riet, ein Knopf an sein Montel anzunä'en.»
«Ist das dort vorne der Gare Saint-Lazare?»
«Excactement! Der Gare Saint-Lazare ist une de sechs große Kopfbahn´öfe in Paris, im 8. Arrondissement und der sweitgrößte Pariser Bahn'of. Und wenn Sie jetzt s'il vous plaît schauen: Was ich an'abe?»
«Ist das der berühmte Mantel?»
«Oui, dies `ier ist der im Text erwähnte Montel, der allerdings im Original ein so genannter Surtout ist, ein aus dem 18. Jahr'undert stammender, mit mehreren übereinander 'ängenden Schulterkragen verse'ener Montel. Ursprünglich wurde er von Offizieren der Kavallerie über ihrer Uniform getragen. Da durfte natürlich kein Knopf fehlen.»
«Und ihr Hut?»

«Ja, das ist der berühmte ´ut mit der Kordel anstelle des Bandes, den der Lang'alsige auf'atte. Im Mittelalter verwendete man die ´utschnur übrigens auch als Maßeinheit. Der Wasserstrahl von Wasserleitungen durfte bei der Wasserentnahme nicht dicker als eine ´utschnur sein. Daher der Spruch: Das geht mir über die 'utschnur.»
«Da haben Sie Recht. Das ist mir jetzt auch zu viel. Au revoir.»
«'alt, wo wollen Sie 'in? Wir fahren doch noch!»
(Stürzt und flucht)

Freundschaft

«Weißt Du, ich muss Dir jetzt mal endlich was sagen, was mir schon lange auf dem Herzen liegt.»
«Ja, was denn? Da bin ich aber neugierig.»
«Du, wenn ich so auf den Ausschnitt deines Mantels sehe, da drängt es mich immer wieder, Dich darauf hinzuweisen, Du solltest Dir dort einen zusätzlichen Knopf annähen.»
«Ja, stimmt. Dann kann ich den Ausschnitt höher schließen und er wirkt nicht so weit. Danke Dir!»
«Siehst Du, das ist mir schon jedes Mal, wenn wir uns treffen, aufgefallen. So ein viel zu großer Ausschnitt, bei dem der Kragen sich so herunterbiegt, sieht ehrlich gesagt, völlig beschissen aus.»«Ja, das ist ungeheuer schön, wie Du mich dadurch vor einer Peinlichkeit bewahrst. Das verbindet schon irgendwie. Deswegen verstehen wir uns so blind.»
«Ja, ich finde es schön, dass Du es schön findest. Ich könnte gleich weinen.»
«Ich wollte Dir übrigens sagen, ich glaube überhaupt, unser Verhältnis hat sich in letzter Zeit sogar noch gebessert. Du bist irgendwie verständnisvoller geworden. Das aber gibt mir wiederum ein Gefühl, wirklich angekommen zu sein. Ja, ich spüre sogar eine Art Seelenverwandtschaft. Und so sehe ich schon seit geraumer Zeit eine Aura der Herzlichkeit zwischen uns aufleuchten, die mich innerlich total aufwärmt. Ich finde das echt erfüllend und kann dadurch viel besser die kleinen Fehler akzeptieren, die Du hast.»
«Du gehst ebenfalls großartig mit uns um. Inzwischen hörst Du mir auch mal zu. Ja, echte Freundschaft, das

heißt wirklich verstehen. Ich würde es sogar verstehen, wenn Du mich nicht verstündest.»

«Da gebe ich Dir Recht! Ja, ich bin jetzt so weit, dass ich sogar Verständnis dafür habe, wenn Du etwas Negatives zu mir sagst, zum Beispiel, ich sähe wie ein dahergelaufener Penner aus oder fahre im Bus immer schwarz.»

«Wenn ich es mir recht überlege, möchte ich Dich dann aber lieber als extrem heruntergekommenes Subjekt bezeichnen. Doch wie würdest Du mich denn nennen?»

«Vielleicht, einen neurotischen Besserwisser?»

«Langhals!»

«Knopffetischist!»

«Das akzeptiere ich, weil ich Dich verstehe und es unsere Freundschaft festigt.»

«Ach, endlich kann auch ich ehrlich zu Dir sein. Du hast genau diese netten Schwächen, die verhindern, dass Du die Lichtgestalt bist, für die Du Dich hältst. Das merke ich insbesondere daran, wenn Du im Restaurant deine ganzen Cent-Stücke zusammenzählst, die Du dann als Trinkgeld loswerden willst.»

«Das erfüllt mich mit Freude, wie Du meine Schwächen erkennst. Auch ich finde es menschlich, wenn Du heimlich, im Glauben, Dich sehe niemand, vor lauter Nervosität die Kordel von deinem Hut abnimmst und daran herumsaugst, bis dein Mund ganz grün ist.»

«Und Du schwitzt so penetrant, dass man auf deinem Hemd die Salzränder unter den Achselhöhlen wie Jahresringe an einem Mammutbaum zählen kann.»

«Du, es heißt ‚um die Achselhöhlen', nicht ‚unter den Achselhöhlen'.»

«Danke, dass Du mich korrigierst. Du bist ein wirklicher Freund.»

«Ja, das stimmt. Schon nach unserer letzten Prügelei, als ich Dich im Krankenhaus besucht habe, spürte ich, da ist etwas, was uns ganz tief verbindet. Keiner versteht mich so wie Du.»
«Komm her, mein Freund. Wir verstehen uns wirklich!»

Gedenken

Der Typ, der mit dem altmodischen Hut, ist schon lange tot.
Die Leute, die damals in diesem bestimmten Moment aus dem Bus der Linie S ausstiegen, leben alle nicht mehr.
Auch der Sitznachbar des Typen, der ihn anrempelte, ist bereits unter der Erde.
Und erst recht sein Freund, der ihm das mit dem Knopf riet.
Alle liegen sie zufällig auf dem gleichen Friedhof, auf dem ich gerade ihre Gräber abgehe.
Da kommt ein Wind und weht einen Hut über die Friedhofsmauer direkt vor mich hin. Es ist so ein weicher Filzer mit Kordel statt eines Bandes an der Krempe.
Jetzt haben sie gemerkt, dass wir an sie denken, weil wir von ihnen lesen.

Gedichtchen

Das Buslein fährt im Stoßverkehr,
als Linie S, mal hin, mal her.
Ein Bübchen drin mit Hütchen fein
und einem hübschen Kordelein.
Die Leutchen steigen ein und aus.
Das Bübchen schaut zum Fenster raus.
Da kommt ein Riese mit Gebrumm
und stößt das Bübchen einfach um.
«He, Dickerchen», sagt's Bübchen nun.
«Das sollte man hier gar nicht tun!»
Da zieht der Riese eine Fratz'.
Das Bübchen, das springt weg vom Platz.

Zwei Stündchen später, Saint Lazare,
'nen Freund trifft unser Bübchen gar.
Der sagt: «Näh dir ein Knöpfelein
doch an dein süßes Mäntelein!»
Er zeigt ihm hier und zeigt ihm dort.
Das Bübchen jedoch sagt kein Wort
Und
rennt
drauf
schreiend
einfach
fort …

Gegenwehr

gefahren
geschubst
geheult
gewechselt
/
/
getroffen
gesagt
genäht

gefahren
geschubst
geheult
gewechselt
/
/
getroffen
gesagt
genäht

gefahren
geschubst
geheult
gewechselt
/
/
getroffen
gesagt
genäht

gefahren
geschubst
gemeckert
gesiegt
/
/
getroffen
gesagt
geweigert

Geminatio

Bus, oh ach, Bus, wo fährst du dahin?
Junge, Mensch, Junge, im Busse da drin:
Zorn, habe Zorn, auf den, der dich tritt.
Sag es ihm, sag es! Erst dann seid ihr quitt!
Flüchte nur, flüchte, du feiger Patron!
Sehet nur, sehet, er heulet fast schon!

Kumpan, mein Kumpan, ach, gib mir doch Rat!
Freund, du mein Freund, jetzt schreite zur Tat!
Näh dir, so näh dir, jetzt endlich mal doch,
am Ausschnitt, am Ausschnitt, da fehlt einer noch:
zum Schließen, zum Schließen, den praktischen Knopf,
damit man, damit man nicht sieht deinen Kropf.

Gerüchte

«Du, heute im S-Bus, da hat sich so ein junger Typ über seinen Nebenmann beschwert, weil der ihn ständig anrempelte. Ich weiß nicht, ob da noch mehr passiert ist, aber ich habe ihn dann zwei Stunden später an der Cour de Rome vor der Gare Saint-Lazare mit jemandem gesehen, der jedenfalls zu ihm sagte: ‚Du solltest dir noch einen Knopf an deinen Mantel nähen lassen.'»
«Hast du schon gehört? Im Bus von der S hat 's heute eine Schlägerei gegeben! Irgend so 'n Kläffer hat einen Fahrgast immer, wenn jemand vorbeikam, rumgestoßen. Dann hat's diesem Passagier gelangt, und der hat zu motzen angefangen. Im Nu sind die beiden in Streit geraten und haben sich zwei Stunden lang geprügelt. Erst an der Cour de Rome kam die Polizei. Dem einem Rabauken ist dabei ein Knopf von seiner Jacke abgerissen worden. Da hat der vor lauter Wut dem Bus noch eine Delle reingetreten.»
«Weißt du, was ich eben erzählt bekommen habe? Heute hat doch so ein Raser dem Bus von der S mit seinem Wagen eine Delle reingefahren. Da hat's dem Busfahrer gelangt, er hat den Wagen zur Seite gedrängt, ihn gestoppt, ist raus und wollte den Rüpel zur Rede stellen. Da sagte der doch in so einem ganz frechen Ton zum Busfahrer: ‚Eijeijei, gucke mal da! Da fehlt ein Knopf an der Jacke.' Und als der Fahrer runterschaute, hatte der Rüpel dem Fahrer einen Knopf abgerissen und gab ihm zudem einen Nasenstüber.»
«He, da ist ja was vorhin passiert! Der Fahrer vom S soll einen beschwipsten Passagier aus Wut umgenietet haben, und nur, weil der meinte, dem Fahrer würde ein Knopf an der Uniform fehlen. Beim Anfahren war der

Buslenker immer noch so wütend, dass er an eine Laterne gefahren ist, die dann umgestürzt ist. Noch zwei Stunden später sind Neugierige vor der Gare Saint-Lazare rumgestanden, wo das passiert ist, obwohl der Suffkopf nur ein bisschen aus der Nase blutete und die Laterne längst weggeräumt war.»

«Pass auf! Fahr bloß nicht zur Gare Saint-Lazare. Da ist ein riesiger Auflauf. Ein betrunkener Fahrer vom S hat dort einen schweren Unfall verursacht. Als er beim Fahren von seiner Jacke einen lockeren Knopf abriss, hat er nicht aufgepasst und schon ist es passiert. Der S-Bus ist umgestürzt. Es soll viele Verletzte gegeben haben. Überall ist Blut.»

«Oh Mann! An der Cour de Rome ist ein Bus der Linie S in den Bahnhof reingedonnert. Überall liegen Hüte, Jacken und abgerissene Köpfe herum. Der Bahnhof ist eingestürzt, Züge wurden in den Trümmern begraben. Schrecklich, schrecklich!»

«Nur ein abgerissener Knopf liegt auf dem leeren Platz vor der Gare Saint-Lazare, auf dem gestern angeblich eine Katastrophe stattgefunden haben soll. Wie es zu einem solch drastischen Gerücht gekommen ist, kann sich bis jetzt kein Mensch erklären. Offenbar rief ein aufgeregter Passant die Polizei an, nachdem er von einem Bekannten gehört hatte, ein Bus der Linie S sei in den Eingang des Bahnhofs gerast, wobei der Bekannte, wie man inzwischen weiß, wohl auf ein ähnliches Gerücht hineingefallen war. Als die Polizei zur Cour de Rome kam, fand sie den entsprechenden Bus völlig unversehrt vor. Es hatte lediglich einen harmlosen Streit zwischen zwei Passagieren wegen einer Rempelei gegeben, was aber wohl nicht die Ursache des Gerüchtes gewesen sein kann. Die Polizei steht vor einem Rätsel. Man behält sich allerdings rechtliche Schritte gegen den Anrufer wegen Irreführung der Polizei vor.»

Gute Rezension

Im Mainstream-Literaturmarkt zählen nur noch Texte mit abgenutzten Topoi. Interessant ist an den meisten dieser Bücher nur das Finale. Man sollte also anfangen, sie von hinten zu lesen, denn hier steht, wer der Mörder ist oder ob sie sich kriegen. Dazwischen häufen sich die Klischees und lassen den Schluss schon auf Seite eins erahnen.
Ganz anders die kurze Erzählung «Im Autobus der Linie S» von Raymond Queneau, eine Sensation im Alltag des Literaturbetriebs. Es geht um banale Rempeleien in einem Pariser Autobus und ein schlichtes Alltagsgespräch über modische Accessoires. Queneau verweigert sich damit jedoch den gängigen success patterns des Literaturbetriebs. Wo andere 500 Seiten schreiben, provoziert er mit einem scheinbar hingeworfenen Acht-Zeilen-Plot. Er braucht weder Serienmörder noch gebrochene Herzen, um Suspense zu erzeugen. Dennoch wird niemand im ersten Absatz im Mindesten erraten können, wie diese geniale Kurzgeschichte endet. Die Handlung zeigt den Alltag des Pariser Verkehrs als Spiegelbild der Gesellschaft. Menschen in überfüllten Bussen rempeln umher und insultieren sich. Der Hauptprotagonist ist eine Karikatur, wie sie nur die Großstadt hervorbringt: Ein Mann mit einem überlangen Hals, larmoyanter Attitüde und heruntergekommenem Aussehen, denn an seinem Mantel fehlt ein Knopf. Man denkt automatisch an Sonderlinge oder Gestrauchelte. Der Autor baut zunächst eine nervenzerreißende Spannung auf. Einer, der schon merkwürdig aussieht und ständig vom Nebenmann geschubst wurde, er begehrt auf und lässt seine ganze Frustration, seine jahrelangen Demütigungen,

seine asozialen Dispositionen heraus. Er gerät in Streit mit dem anderen und man sieht ihn förmlich diesen umstoßen. Doch in seiner Peripetie hält Queneau eine Überraschung parat, die den Leser zutiefst erstaunt. Der Choleriker veranstaltet nicht das Massaker, auf das alle gewartet haben, nein, er springt lediglich zum nächsten freien Platz. Eine geniale Semiose, welche die typischen Erwartungen der Mainstreamliteratur ins Leere laufen lässt. Bestürzt erkennen wir uns selbst: Vielleicht ist es ganz einfach, Meinungsverschiedenheiten zu lösen, und wir sind es, die allen Dingen etwas Kompliziertes abgewinnen. Queneau schneidet mit dieser kurzen Episode existenzielle Fragen der heutigen Gesellschaft an. Auch sprachlich enttäuscht das Werk nicht. Besonders im ersten Teil wechseln sich kurze und lange Sätze ab, wodurch ein eigener musikalischer Gestus entsteht.

Der Schluss am Cour de Rome zeigt zudem, wie sehr wir voller Vorurteile sind und uns im Helden der Geschichte getäuscht haben. Dieser ist nicht der Choleriker und Streitsucher, vielmehr hat er den Vorgang nach zwei Stunden schon vergessen und ist einem Freunde zugänglich für völlig profane ästhetische Fragen. Wie einfach doch die Gemütszustände der Menschen lösbar sind. Manchmal ist es nur eine direktive Illokution wie der Ratschlag eines Freundes zum Annähen eines simplen Knopfes. Dessen Banalität, steht für all die Sehnsüchte, die wir heute entwickeln. «Im Autobus der Linie S» ist ein Meisterwerk, das man gelesen haben muss.

Gute Rezension, Gegenstück

Die kurze Erzählung «Im Autobus der Linie S» von Raymond Queneau als Kurzgeschichte zu titulieren, spottet im Grunde jeder Beschreibung. Sie umfasst 113 Wörter beziehungsweise 685 Zeichen mit Leerzeichen. Miniatur, Skizze oder schlicht Notiz wäre der passendere Begriff. Doch ist es dies nicht allein, was sie kaum substanziell erscheinen lässt. Literarisch gesehen ist die Geschichte weniger gehaltvoll als ein Einkaufszettel. Es geht um einen banalen Vorfall in einem Autobus der Pariser Linie S. Ein ob seiner Kopfbedeckung etwas skurril aussehender junger Herr wird ständig von seinem Nebenmann angerempelt. Er beschwert sich darüber, doch kaum ist ein Sitzplatz frei, stürzt er dort hin.
Ein trivialer Vorgang, der in keiner Weise etwas Erwähnenswertes hat, nichts symbolisiert, jeglicher Spannung entbehrt, noch originell geschrieben ist. Interessante Besonderheiten wie die altmodische Hutkordel des Nörglers und sein überlanger Hals werden nicht weiter evolviert, und dem Text fehlt bis dahin jeglicher Dialog. Einen solchen, wenn auch kurzen, gibt es im zweiten Absatz der Geschichte, der aber an Monotonie den ersten noch übertrifft. Hier berichtet der Erzähler lediglich darüber, den jungen Kerl zwei Stunden später an anderer Stelle erneut gesehen zu haben. Dort lässt dieser sich von einem Kameraden einen belanglosen Verbesserungsvorschlag für seinen Ausgehrock machen. Der Erzähler verfällt im Übrigen hier in die Ich-Form und nimmt damit einen entscheidenden Stilbruch vor. Er wechselt von der heterodiegetischen Erzählebene im ersten Absatz in die homodiegetische im zweiten.

Man glaubt es schwerlich, dass es dies schon gewesen sein soll. Der Text bleibt einem fremd. Der Theologe Friedrich Schleiermacher ging zum Beispiel von einer grundsätzlichen Differenz zwischen dem verstehenden Subjekt und dem zu Verstehenden selbst aus. Die Überwindung dieser Differenz sei Aufgabe der Hermeneutik, doch mag sie hier an ihre Grenzen stoßen. Vergebens sucht man eine Message, persönliche Attitüde oder auch nur das Pariser Flair. Ist das etwa das literarische Pendant zu John Cages Stück *4'33''*? In diesem öffnet der Pianist zu Beginn den Klavierdeckel und schließt ihn nach 4 Minuten und 33 Sekunden wieder, ohne dass dazwischen irgendetwas gespielt wird. Man könnte es meinen. Doch während man Cage eine Sensibilisierung für Geräusche als bis dahin kaum beachtetes Phänomen in der Musik attestieren kann, induziert dieser Text nicht einmal dazu, sich die weißen Stellen des Papiers anzusehen, auf dem er gedruckt ist. Oder ist dies etwa ein Plädoyer, das scheinbar Irrelevante in der Literatur neu zu entdecken? Wohl kaum. Um bedeutungslose Literatur zu finden, braucht man nur zum Bahnhofskiosk zu gehen. Wie man aber aus dieser absolut trivialen Geschichte ein ganzes Buch mit ständigen Repetitionen dieser Alltäglichkeit in genauso inhaltsleeren Versionen machen kann, bleibt ein Rätsel. Absolut keine Kaufempfehlung!

Gymnastikübung

Diese Übung ist ganz leicht und dient der Entspannung bei einseitiger Körperhaltung in Situationen wie beim Lesen eines Buches. Sie können sie überall ausführen, sogar beim Fahren in einem Bus.
Setzen Sie einen Hut auf und zwar einen mit Kordel anstelle des Bandes, dann halten Sie den Hut mit der rechten Hand an der hinteren Kante fest und ziehen mit der linken Hand an der Kordel, aber ohne den Hut dabei vom Kopf zu reißen. Strecken Sie mit jedem Zug ihren Hals so lang Sie können, und dies mindestens zehnmal. Sehr gut! Schön durchdrücken den Hals! Jawohl! Und ein letztes Mal!
Nun legen Sie im Sitzen beide Arme auf die Knie und bewegen Ihren Körper ruckartig. Sehr schön! Und die Beine bleiben dabei auf dem Sitz. Nur der Oberkörper bewegt sich stark und schnell. Na, das macht doch Laune, oder?
Haben Sie es geschafft? Nun stürzen Sie sich auf einen leeren Platz und schnell wieder zurück auf den alten. Hin – und zurück! Hin – und zurück! Und noch dreimal!
Wir entspannen jetzt etwas und schütteln die Arme aus. Anschließend pressen Sie Zeigefinger und Daumen der rechten Hand fest zusammen und machen eine große ausladende und kreisende Armbewegung, so als ob Sie an einen Mantel einen Knopf annähen würden. Und den Arm ganz ausstrecken! Spüren Sie, wie sich die Schulter entspannt? Und nun noch zehnmal das Gleiche mit der linken Hand. Beim Ausholen ausatmen, beim Einstechen einatmen! Sehr schön!
Dankeschön fürs Mitmachen, und wir sehen uns das nächste Mal wieder bei den gymnastischen Stilübungen!

Haiku

Der alte S-Bus.
Ein Mann springt heraus.
Wäh! Der Gestank des Auspuffs.

Halbsätze

Es geschah, also besser gesagt, passierte … in einem … Wo sonst auch? … Bus. Und die Strecke kann man sich ja ungefähr … das passt zu den Problemen des öffentlichen … Ich kann Ihnen das erklären … Ich muss nur vorher ein bisschen … Ist ja auch eine Frage der Zeit … Also, wer heute, und zwar als Kerl, und dazu mit … Ich habe ja ebenfalls so einen Bekannten … Aber das ist ja inzwischen ein alter Hut … Jetzt lassen Sie mich doch kurz … Und dann als Nächstes … Das hätten Sie erleben … Jedenfalls direkt neben ihm saß … Und der hat jedes Mal … Nun kurzum … Geschubst! … Ich gebe ja nur ein Beispiel … Ich muss mich ja … Kurzum: Also Streit! Und Platzwechsel.

Jetzt hören Sie zu! Hinterher ist sonst wieder … Rund zwei Stunden später … Da konnten Sie die Uhr nach kaufen … Wen sehe ich da an der …? Da hätten Sie bestimmt … Nun ist der mit einem Freund … So ganz privat … Und da fällt mir auch noch ein Beispiel ein, in dem einer genauso wie hier der eine zum andern sagt, er solle doch mal … Das kennen Sie alle … So einen Knopf … Um Gottes Willen, ich muss ja noch … Also annähen … Und dann zeigt er … Ich meine, das ist ja heute schon viel: Erklären und auch noch zeigen! … Und schlussendlich war dann das Warum immerhin geklärt!

Hashtags

#liniesfahren
#longnecksforever
#kordelhutstehtmirgut
#fuckthepusherman
#letshavemorebusseats
#fansofcourderome
#buttonmaniacs

Hessisch

Ei neulisch, da hobb isch emoo n Trip dorsch Frankfort gemescht, bin do mit em Äppelwoi-Express, so e Straßebahn fer die Touriste, erimmgefohrn un habb mer als so die Stadt aageguggt. Uff emah seh isch, wie Zwaa im Äppelwoi-Express n Streit gekrischt habbe. Der Aane, des war so n komische Kerl, der hat en Hut uffgehabbt, wie se als die Penner traache, gell, so e bissi cowboymäßisch mit so ner Kordel draa. Un der hat aach noch n Hals gehabt, saach isch dir, wie so e Ooferohr. Un der hinner ihm, der war aach net besser. Der stumpt 'n als dewitt, um emaa zu gugge, was der annern so mache tue tut. Des hättste emaa seje solle. Da is der mitm Hut plötzlisch uffgestanne und hat wie e Siren losgekrische. Er soll die Finger vonnem lasse un er würd ihm gleisch die Fress poliern! Da hatt de Annern awwer aamaa bees geguggt und schon is der Penner mit seim Hut uff de nächste freie Platz geflitzt. Isch kann der saache.

Un pass uff: Als isch dann zwaa Stunn später vorm Bahnhof steh, da seh isch die Bohnestang vom Äppeler-Express doch widder zusamme mit so em annern Hohlkopp, un da drinke die jeder e Flasch Äppelwoi. Die geje so an mir vorbei und da hör isch den zwaate Hohlkopp saache: «Näh der doch endlisch emaa n Knopp an dein Mantel! Des sieht vielleischt aus! Der rutscht der ansonste noch enunner und donn leit er im Dreck, du aal Eul, du!»
Da sescht der Annern: «Eihorschemaa, du Spitzkligger, des geht net, da bin isch zu dabbisch dezu! Da muss mer immer so rumfuddele!»

Un dann sind die Zwaa enunner gegange, da woos zum Maa geht, dann ennaus un enüwwer un dann widder enuff. Un dann warn se am Maa un habbe als ihrn Äppler genibbelt anstatt emoo den Knopp aazunähe, die zwaa Maamauerbaabambeler. Ei, was saachste dadezu?

Heute

Frankfurt am Main, im Autobus. Ich sehe aus dem Fenster und lese die Straßennamen, die der Bus abfährt. Da fallen mir einige auf, die ich bis dahin noch nie bemerkt habe. Vor Staunen und Schauen wird mein Hals immer länger.

Am Bier
Am Herrenhof
An der Mannsfaust
Am Schießrain
Adolfstraße
Eiserne Hand
Deutschherrnufer
Kasernenstraße
Nach dem Brand
Thudichumstraße
Im Braungeröll

Plötzlich rempelt mich mein Sitznachbar ruppig an. Als ich ihn zurechtweise, antwortet er in einem bösartigen Ton: «Hey, Du solltest dir lieber einen Knopf an deinen Parka nähen lassen!»
Er zeigt mir wo (das rote Abzeichen), ich sehe herunter, und da haut er mir doch eine in die Fresse.

Hochempfindlich

Im voll besetzten Bus S. Ein nervöser Junge mit altmodischem Hut beginnt schwer zu atmen. Er kann derart viele Leute nicht ertragen. Nach einer Weile wird er dauernd von einem Penner angemacht. Der Junge beschwert sich, erst aggressiv, dann weinerlich und schließlich, als das nichts nützt, flieht er mit nassen Augen auf einen freien Platz, wo er zitternd niederkauert.

Zwei Stunden später trifft er vor der Gare de Lazare seine Mutter, die ihn mit einer Schimpfkanonade niedermacht: «Mensch, jetzt nähe dir doch endlich mal einen Knopf an den Mantel! Du siehst vielleicht aus! Wie oft habe ich dir das schon gesagt …»
Wortlos und gekränkt lässt der Junge sie stehen. Er rast schluchzend in den Bahnhof. Zum Entsetzen seiner Mutter, die ihm nachrennt, will er sich vor den erstbesten Zug werfen, der einfährt. *Doch der Zug hat Verspätung.*

Puh, was ein Glück, dass ich das im letzten Moment noch umschreiben konnte!

Hypotaxe

Die beiden Männer, welche sich im Dezember des vergangenen Jahres an der Cour de Rome trafen, obwohl die Sache eigentlich wesentlich früher in einem Bus der Linie S begann, nämlich als der eine Mann, übrigens ein etwa Mitte Zwanzig Jahre alter Mantelträger, der einen auffälligen Hut mit einer Kordel statt eines Bandes trug, und, da er einen Streckhals hatte, eigentlich nicht zu übersehen war, und mehr ist über ihn auch nicht bekannt, dieser Mann war, obgleich dies sich mit anderen Zeugenaussagen im Widerspruch befindet, und nur noch durch eine Aussage des in diesen Vorfall mit eingebundenen dritten Mannes verifizieren ließe, wobei mit dem dritten Mann der Sitznachbar des Mantelträgers gemeint ist, dieser Mann, also der Mantelträger, wobei zu unterstreichen ist, dass der Sitznachbar keinen Mantel trug, der Mantelträger nun, war von dem Sitznachbarn, von dem noch zu reden sein wird, mehrfach in einer Weise angerempelt worden, also während der Busfahrt, die übrigens in Richtung Gare Saint-Lazare führte, was den Mantelträger dazu veranlasste, und das scheint im gegenwärtigen Stand der Untersuchung das entscheidende Moment zu sein, den Sitznachbarn deswegen zu tadeln und nicht, wie man bisher vermutet hatte, anzuschreien, was aber zu keiner Reaktion des Sitznachbarn führte, und, wie kürzlich vor dem Ausschuss in der so genannten Knopfaffäre bekannt wurde, den Mantelträger, da keine neuen Informationen über ihn vorliegen, sei bei dieser Bezeichnung weiterhin geblieben, dazu bewog, sich auf einen freien Platz, den er kurzfristig erspäht hatte, obwohl dies wiederum in der Hauptverkehrszeit wenig wahrscheinlich erscheint, zu begeben, wobei sich damit erst einmal seine Spur etwas verliert, bis er zwei Stunden später, was allerdings gerade in dieser Sache noch eine herausragende Rolle spielen könnte, den Mann an der Cour de Rome traf, von dem ganz am Anfang die Rede war, wodurch die beiden Männer, die sich, wie gesagt, im Dezember des vergangenen Jahres hier verabredet zu haben schienen, ins Gespräch kamen, wobei, so wird von weiteren Zeugen behauptet, eigentlich nur der Mantelträger von dem anderen Herrn in dem Sinne angesprochen wurde, dass er ihm sagte, er solle sich noch einen Knopf an seinen Mantel annähen lassen, und ihm sogleich die vorgeschlagene Stelle am Ausschnitt zeigte, da jedoch die Begründung dafür nicht weiter verstanden werden konnte, es bereits zu Spekulationen kam, dass dieser einzige, von Zeugen bestätigte Satz, der zwischen den beiden gefallen war, möglicherweise völlig bedeutungslos ist.

Im Autobutzki

Ein Kerl mit einem Hutski,
Saß in 'nem Autobutzki.
Da kam ein Rempelinski
Und tritt den Hutski winzski.
Der floh vorm Trampelatzki
Auf einen neuen Platzki.

Dann vor dem Lazarenski,
da steht ein Kameradenski.
Der sagt zum winzski Hutski:
«Näh dir doch einen Knupfski
an deinen Mantelitsch,
sofort in einem Ritsch.»
Er zeigt ihm wiewowatzka
Und darumhierumsatzka.

Im Holodeck

Da saß der Testbesucher nun zum ersten Mal im Bus, dazu in einem historischen aus den 1940ern. Tatsächlich spürte er das Rütteln des Busses, wenn dieser über Bodenwellen fuhr, oder die erhöhte Schwerkraft beim Bremsen oder Anfahren. Er hörte auch alle passenden Geräusche wie Motorenlärm oder Gespräche der Passagiere. Auch mit dem Umhersehen hatte er keine Probleme, nicht nach oben, nicht nach unten. Das funktionierte also soweit gut. Plötzlich rempelte ihn jemand an. Das war wohl beabsichtigt, um seine Empfindungen bei Berührungen auszutesten. Als er von dem gleichen Typ mehrfach angerempelt wurde, wagte er den nächsten Schritt, nämlich etwas zu sagen. Also beschwerte er sich kurz bei dem Rüpel, der ihn nur wortlos anblickte. Der sollte wohl nicht reagieren. Nun probierte er, zu einem freien Platz zu gehen. Es schien problemlos zu klappen. Die Illusion war perfekt. Der Realismus war nicht zu überbieten. Selbst Gerüche konnte er wahrnehmen und er fragte sich, ob er auch virtuelles Essen würde schmecken können. Er war gespannt, was als nächstes auf ihn wartete.

Zwei Minuten später verließ er den Bus, ging auf die Cour de Rome und sah endlich eine Person, die ihm bekannt vorkam. Er ging auf sie zu. Es war der Avatar eines Kameraden aus seiner Testeinheit. Das Gespräch mit ihm jedoch verlief mehr als eintönig. Eigentlich sagte diese Person nur wiederholt: «Du hättest dir einen zusätzlichen Knopf an den Mantel nähen lassen sollen. Du hättest dir einen zusätzlichen Knopf an den Mantel nähen lassen sollen. Du hättest dir …»

Entweder hatte sich da etwas aufgehängt oder die kommunikative Intelligenz war da noch erheblich verbesserungswürdig.

Plötzlich begann das Bild kurz zu flimmern, es gab ein schleifendes Geräusch und ohne dass er wusste wieso, befand er sich wieder auf dem Sitzplatz in dem historischen Bus. Erneut setzte sich jemand neben ihn und rempelte ihn an. Diesmal aber so heftig, dass er vom Sitz stürzte und mit dem Kopf an eine Stange krachte. Gleichzeitig merkte er, der Bus fuhr in hohem Tempo rückwärts. Die Situation schien immer gefährlicher zu werden. Er kämpfte sich schwankend und am Kopf blutend zum Fahrer durch und entdeckte, dass es – warum auch immer – der Avatar seines Kameraden war. Voller Verzweiflung schrie er ihn an: «Verdammt, stoppe den Bus! Gibt es hier keinen Ausknopf oder so?»
Der Avatar schaute ihn emotionslos an und krächzte in einer Tour: «Du hättest dir einen zusätzlichen Knopf an den Mantel nähen lassen sollen. Du hättest dir …»

Im Knopf-Fachgeschäft

«Guten Tag. Ich habe an meinem Überzieher einen Knopf verloren. Das ist wohl bei einer Busfahrt da in der Linie S passiert. Mein Bekannter sagte mir, das sähe nichts aus, da ohne Knopf am Ausschnitt. Da rutscht der Mantel dauernd herunter. Ich solle mir doch wieder so einen Knopf annähen lassen. Aber ich war jetzt schon in drei Läden. Das ist wohl nicht so einfach den gleichen Knopf zu finden wie diesen hier.»
«Was war denn das für ein Baujahr?»
«Keine Ahnung. Im Mantel steht da nichts. Den habe ich so vor drei Jahren gekauft.»
«Ich meine auch nicht den Mantel, sondern den Bus.»
«Wieso müssen Sie denn das Baujahr vom Bus wissen? Was hat das mit dem Knopf zu tun?»
«Ja, so Knöpfe werden halt immer in den gleichen Arten von Bussen verloren. Das hilft enorm weiter, wenn wir das wissen. Linie S sagten Sie? Das ist der Magirus 745, aber da ist halt das Baujahr entscheidend.»
«Echt? Das ist ja komisch.»
«Ja, ja. Also das Baujahr?»
«Nun, das müsste so direkt nach dem Krieg gewesen sein. Das war so ein Oldtimerbus, verstehen Sie? Also Baujahr 1947 sagen wir mal.»
«Baujahr oder Erstzulassung?»
«Das weiß ich nicht. Ist das nicht das Gleiche?»
«Also Baujahr ist, wann der Bus gebaut wurde, oder?»
«Ja, ja.»
«Was hatte er für Felgen?»
«Nun, so schwarze halt, so normale von Bussen eben.»
«6 ½ Zoll vielleicht?»

«Äh ja, schon möglich.»
«Oder Alu drunter?»
«Nee.»
«Hat er Doppelkantschenkel?»
«Ich weiß nicht.»
«War das ein Diesel?»
«Ich glaube, so vom Geräusch her war das kein Diesel.»
«Aber die Achse ist bestimmt untergeflanscht?»
«Untergeflanscht?»
«Wenn das so ist, hat der Bus garantiert einen Austauschmotor, sage ich Ihnen. Das ist eine ganz andere Situation.»
«Wieso?»
«Dann ist der nachlackiert.»
«Tja, vielleicht an einigen Stellen.»
«So Ocker, leicht ins Gelb gehend?»
«Ja, so ungefähr.»
«Es kann natürlich auch ein 1600er gewesen sein mit dieser Farbe.»
«Aber was hat das alles mit meinem Knopf zu tun?»
«Wo ist denn das passiert?»
«Da an der Cour de Rome, kurz vor der Gare de Saint-Lazare.
Ach da? Das hätten Sie gleich sagen müssen.»
«Wieso?»
«Da hat schon mal einer im Autobus S einen Knopf verloren. Der kam zu uns, aber dem konnten wir auch nicht helfen. So Knöpfe sind schon lange aus. Das macht Ihnen heute keiner mehr. Kaufen Sie sich am besten einen neuen Überzieher. Da haben Sie gleich alle Knöpfe dran.»
«Aber halt Moment! Was sehe ich denn da grad? Was ist das hier? Das ist doch so ein Knopf! Ja, das ist exakt der Knopf, den ich suche!»

«Ja, der geht in dem Fall nicht!»
«Und wieso?»
«Der mag zwar so aussehen, aber das ist ein Beifahrerknopf und der wird auch nur an Beifahrer verkauft. Und sie sind ja Fahrgast in einem Bus und nicht in einem Pkw, verstehen Sie?»
«…»

Iteration

Überzieher gibt und auf den Ausschnitt zeigt in dem da fährt der Busmit dem Kerl der Ärger kriegt und auf einen Platz flüchtet auf dem er einen Kameraden trifft der ihm einen Ratschlag zu seinem

Kinderlied

Einst fuhr ein Kerl mit einem Bus,
er ging nun mal nicht gern zu Fuß.
Er kam gerad vom Großeinkauf,
und setzt 'nen Riesenhut sich auf.
Drum konnt' sich keiner zu ihm setzen,
besetzte drei von vieren Plätzen.

Ein Rotzbub nun herein sich schlich,
und sagt: «Komm, mach mal Platz für mich!»
Er setzt sich sofort nebenan,
und tritt den Kerl ans Schienbein dran.
Da jault der Kerl ganz laut und lang,
und springt woanders hin ganz bang.

Doch hält der Bengel ihn in Trab,
er reißt ihm einen Knopf noch ab.
Der Kerl ruft: «Hör mal, jetzt ist Schluss!»
Und springt heraus aus jenem Bus.
Ihm folgt jedoch das böse Kind.
Der Bus fährt ab und macht viel Wind.

Der Kerl hält fest den großen Hut,
doch die Idee war gar nicht gut.
Der Wind vom Bus bläst mit 'ner Bö.
Da reißt 's den Kerl mit in die Höh'.
Er saust nach oben in die Luft.
Hört, wie er laut um Hilfe ruft!

Der Bub, hängt sich an seine Hos'.
Der Kerl brüllt: «Was ist da jetzt los?»
Denn durch das weitere Gewicht,
da hält sein Hosenträger nicht.
Darum verliert er Hos und Schuh
und auch den Knaben noch dazu.

Die Unterhose, Mantel, Knöpfe
fliegen den Leuten auf die Köpfe.
Oh Gott, was fällt den jetzt herab?
Das «e» vom K rl! Oh, das war knapp!
Und dann auch noch das «u» vom H t,
er zudem noch verlieren tut.

Dann schließlich vorm Gare Saint-Lazare,
regnet es Buchstaben sogar.
Seht doch, w s fliegt gr d eben d ?
Vom lph bet uch noch d s !
 nd   ch d s   j tzt fl g n m ss,
d s   , d s   ; dr m st n n Schl ss.

Knopf annähen

Im S-Bus. Ein junger Hektiker mit feschem Hut telefoniert aufgeregt mit seinem Handy, dann drängelt er sich kurz vor der Haltestelle Cour de Rome zum Ausgang durch. Er rammt dabei etliche Leute. Einer beschwert sich, setzt sich aber dann auf einen leeren Platz und gibt Ruhe. Der Hektiker springt aus dem Bus und rennt auf die Straße. Zwei Minuten später klingelt er bei seinem Freund, einem Schneider. Kaum in der Wohnung, ruft er:

«Na endlich! Mann, du musst mir diesen verdammten Knopf sofort annähen! Ich krieg's und krieg's nicht hin! Hast du schon Nadel und Faden geholt?»

«Ja. Und du den Knopf?», fragt der Freund.

«Klar, hier! Jetzt mach schnell! Wir haben wenig Zeit! Also? Los, zeig mal!»

Sein Gefährte lässt sich von dem Hektiker dessen Mantel geben, nimmt eine kleine Schere und erklärt: «Wohlan! Zunächst atmen wir tief durch, entspannen uns, denn wir müssen den Mantel gut vorbereiten, indem wir die verbliebenen Garnreste mit der Schere entfernen.»

«Ja, ja, schon gut! Und weiter?», drängelt der Hektiker und schaut nervös auf die Uhr.

«Ich fahre nun ganz vorsichtig mit der Spitze der Schere unter die stehengebliebenen Fäden und fange an zu schneiden, zunächst nur die vorderen Fäden, und arbeite mich, wie du siehst, behutsam durch. Sollte es etwas schwierig gehen …»

«Jetzt quatsch nicht so viel», ruft der Hektiker. «Lass die blöden Fäden drin und nähe verdammt noch mal endlich den Knopf an!»

«Nun gut», spricht der Freund weiter. «Wie du meinst! Jetzt benötigen wir den Faden. Um eine gute Länge abzuschneiden, wickele ich das Garn viermal um den Finger, wickele es wieder ab und nehme nochmals …»
«Was? Wieder abwickeln? Scheißegal! Mach hin, Mann!»
«Also, hör mal! Wenn, dann arbeite ich fachlich sauber. Nun, als nächstes muss der Faden durch die Nadel gefädelt werden. Wenn einem das nicht so leichtfällt, kann man sich einen Einfädler zur Hilfe nehmen. Ich schiebe die schmale Drahtöse …»
«Ich werde verrückt! Jetzt lass den idiotischen Einfädler weg! Nähen sollst du! Nähe, um Himmels willen! Nähe! Nähe! Näääääähe!»
«Geduld! Ich muss jetzt aber erstmal einen Knoten in eines der Enden des Fadens machen. Ohne das rutscht der Faden durch den Stoff. Hierfür lege ich am Ende des Fadens eine Schlaufe und fahre mit der Nadel …»
«Ja, ja, ja! Mein Gott! Weiter, weiter! Quassel nicht so viel! Mach schneller!»
«Nun kommen wir zum Hauptteil der Arbeit: Dem eigentlichen Annähen des Knopfes.»
«Endlich! Gott sei 's gelobt!»
«Zuerst steche ich mit der Nadel von unten in die gewünschte Stelle am Kleidungsstück ein und ziehe den Faden komplett durch. Natürlich nur bis zum Knoten. Dann stecke ich den Knopf auf die Nadel und lasse ihn auf das Kleidungsstück gleiten.»
«Das sehe ich doch! Mensch, so kommen wir nicht voran!»
«Mein Freund, erst dann kann ich den Knopf noch etwas in seiner Position optimieren. Ich steche zunächst nur durch das zweite Loch des Knopfes und richte den Knopf aus. Ist er nun an der passenden Stelle …»

«Er passt! Glaub es mir!»
«... kann ich unter dem Knopf durch den Stoff nähen.»
«Bla, bla, bla! Ist das eine wissenschaftliche Vorlesung oder was? Ein Stich, hundert Worte oder wie?»
«Sei nicht so ungeduldig! Wie hat Paul Heyse, der Münchner Dichterpapst und Nobelpreisträger, schon gesagt: ‚Dulde, gedulde dich fein! / Über ein Stündlein / ist deine Kammer voll Sonne.'»
«Spinnst du? Jetzt fängst du mit Poesiealbumsprüchen an! Ich platze bald! Wir haben kein Stündlein fein an Zeit, kapierst du denn nicht?»
«Also, dann eben so: Ich steche nun ganz schnell – Aua! Siehst du? Du darfst mich nicht hetzen! – von unten ins erste Loch, von oben ins zweite samt Stoff usw. usw. Jetzt vernähe ich. Hierzu wende ich den Stoff und steche in die dort bereits vorhandenen Fäden ein. Dann ziehe ich den Faden aber keinesfalls komplett durch, sondern lasse eine kleine Schlaufe hängen. In diese ...»
«So, Schluss! Ich brauch' keine Schlaufe! Gib her, Mann!»
«Stopp! Du hast mir doch einen Knopf mit vier Löchern gegeben. Da funktioniert das Ganze etwas anders.»
«Ich glaub 's nicht! Lässt du deine Kunden in der Schneiderei auch immer so lange warten? Kapier doch: Bei mir geht es heute ums Ganze!»
«Ja, ja. Man darf nur nicht in das über Kreuz liegende Loch stechen, da sonst am Ende ein dicker, sehr unschöner Wulst entsteht.»
«Scheißegal, Mann!»
«Nun wird der Knopf wie ein zweilöchriger angenäht, also nur durch die zwei bereits verwendeten Löcher. So entsteht ein so genannter Steg. Auch diesen Steg umnähe ich mehrfach. Dann kommen wir zu den anderen beiden Löchern und wiederholen das alles ebenfalls.»

«Was? Noch mal von vorne? Meine Nerven, meine Nerven!»
«So, nun sitzt er fest der Knopf. Sag mal, warum bist du denn eigentlich so in Eile?»
«Versteh doch! Ich bin heute bei den Eltern meiner Freundin eingeladen und will den Vater um die Hand seiner Tochter bitten. Kaum bin ich auf dem Weg zum Bus, merke ich, da stimmt was nicht mit dem Mantel! Der rutscht so schnell von der Schulter, dass er dauernd zu meinen Füßen fällt, wenn ich ihn nicht festhalten würde. Das ist natürlich unmöglich! Da dürfte ich mich bei der Familie sofort blamieren! Deshalb habe ich dich ja angerufen, damit du mir ganz schnell einen Knopf am Ausschnitt annähst. Ich habe doch kein Nähzeug mit!»
«Ach so, ja, ja, ach so! Na, jetzt ist er aber dran, der Knopf, und ich wünsche dir ganz viel Glück!»
«Danke und verzeih mir meine Ungeduld! Was bin ich dir schuldig?»
«Nichts, mein Freund! Das ist sozusagen mein Verlobungsgeschenk! Nun aber hurtig, hurtig!»
«Ja, er passt! Ich schaffe es grad noch! Mach's gut! Ich werde mich revanchieren!»
«Halt!»
«Was ist denn?»
«Du, ich sehe gerade: Da ist ein Riss in deiner Hose! Das muss im Bus passiert sein!»

Kompakt

imautobusderlinieszurhauptverkehrszeiteinkerlvonetwa
sechsundzwanzigjahrenweicherhutmitkordelanstelledes
bandeszulangerhalsalshättemandarangezogenleutestei
genausderinfragestehendekerlistüberseinennachbarner
bosterwirftihmvorihnjedesmalwennjemandvorbeikomm
tanzurempelnweinerlichertonderbösartigklingensollal
sereinenleerenplatzsiehtstürztersichdaraufzweistunden
spätersеheichihnandercourderomevordergaresaintla
zarewiedereristmiteinemkameradenzusammenderzu
ihmsagtdusolltestdirnocheinenknopfandeinenüberzieh
ernähenlassenerzeigtihmwoamausschnittundwarum

Kreuzworträtsel

			P							
	H	A	L	S						
	U		A							W
	T		T				Ü			E
			Z				B			I
		K					E			N
	C	O	U	R	D	E	R	O	M	E
		R					Z			R
		D			A		I			L
		E			U		E			I
		L			T		H			C
				C	O	K	E			H
	N	A	C	H	B	A	R		S	
	Ä				U	M			T	
	H				S	E			U	
	E					R			N	
K	N	O	P	F		A			D	
E						D			E	
R										
L	I	N	I	E						

Lang – Kurz

Ein Kerl fährt mit der S.
Yes.
Er hat 'nen weichen Hut.
Gut.
Da rempelt ihn ein Mann.
Wann?
Nun haut er plötzlich ab.
Schlapp.
Dann an der Cour de Rome ...
Komm!
... trifft er noch einen Lump.
Plump!
Drauf fehlt dem armen Tropf …
Knopf.
Woher weißt denn du …?
Nu!

Limerick

Im Autobus stritten zwei Männer.
Der eine mit Hut war ein Penner.
Ihm fehle ein Knopf,
sagt ihm zu auf den Kopf,
ein in Mode bewanderter Kenner.

Magyar

Wor sich scheenes Autobus,
fahrt sich mittan in Paris,
aber nix so scheen am Schluss
wie das Budapest Stadt dies.

Und dorinnan sitzan nun
junges Kerl mit scheenes Hut,
doch in ihm nix fließen tun
feurig-ungarischas Blut.

Hot ihn wer auf Fuss getretten:
Er nix fordert zu Duell.
Und onstatt ihm droht zu täten,
rennt davon er wie Gazell.

Spätar winkt ihm dann Kolläge
auf das Platz mit seinem Hand
und auch er scheint nix zu kommen
aus viel großes Ungarland.

Kerl lässt sich von ihm do sogen,
wie er auszusehan hat!
Hauen würd Magyor in Mogen
ihn und würd ihn mochen platt.

Wann ich seh dos, ich erwehne:
Ist Paris sich komisch Stadt,
weil sie nur das graue Sähne
und kein blaues Donau hat.

Morsecode

.. --   .- ..- - --- -... ..- ...   -.. . .-.   .-.. .. -. .. .   ...   --.. ..-

.-.   .... .- ..- .--. - ...- . .-. -.- . .... .-. ... --.. . .. -   . .. -.   -.- .

.-. .-..   ...- --- -.   . - .-- .-   ... . -.-. ....- -. -.. --.. .-- .- -.

--.. .. --.   .--- .- .... .-. . -.   .-- . .. -.-. .... . .-.   .... ..- -   -- ..

-   -.- --- .-. -.. . .-..   .- -. ... - . .-.. .-.. .   -.. . ...   -... .- -. -.. .

...   --.. ..-   .-.. .- -. --. . .-.   .... .- .-.. ...   .- .-.. ...   .   - - .

-- .- -.   -.. .- .-. .- -.   --. . --.. --- --. . -.   .-.. . ..- - .   ... - . ..

--. . -.   .- ..- ...   -.. . .-.   .. -.   ..-. .-. .- --. .   ... - . .... . -. -..

.   -.- . .-. .-..   .. ... -   -... . .-.   ... . .. -. . -.   -. .- -.-. .... -...

.- .-. -.   . .-. -... --- ... -   . .-.   .-- .. .-. ..-. -   .. .... --   ...- ---

.-.   .. .... -.   .--- . -.. . ...   -- .- .-..   .-- . -. -.   .--- . -- .- -.

-..   ...- --- .-. -... . ..   -- --- -- -- -   .- -. --.. ..- .-. . -- .--. . .-..

-.   .-- . .. -. . .-. .-.. .. -.-. .... . .-.   - --- -.   -.. . .-.   -... ...

.- .-. - .. --.   -.- .-.. .. -. --. . -.   ... --- .-.. .-..   .- .-.. ...   . .-.

. .. -. . -.   .-.. . . .-. . -.   .--. .-.. .- - --..   ... . -   ... -   .-.

--.. -   . .-.   ... .. -.-. ....   -.. .- .-. .- ..- ..-.   --.. .-- . ..   ... -

..- -. -.. . -.   ... .--.   - . .-.   ... . -.-. .... -.   .- -.

-.. . .-.   -.-. --- ..- .-.   -.. .   .-. --- -- .   ...- --- .-.   -.. . .-.   --.

.- .-. .   ... .- .. -. -   .-.. .- --.. .- .-. .   .-- .. . -.. . .-.   . .-.   ..

... -   -- .. -   . .. -. . --   -.- .- -- . .-. .- -.. . -.   --.. ..- ... .- -- --

. -.   -.. . .-.   --.. ..-   .. .... --   ... .- --. -   -.. ..-   ... --- .-..

.-.. - . ...   -.. .. .-.   -. --- -.-. .... -. . -.   -.- -. --- .--. ..-.

.- -.   -.. . .. -. . -.   -... . .-. --.. .. . .-.   -.   .... . -.   .-.. .-

... . -.   . .-.   --.. . .. --. -   .. .... --   .-- ---   .- --   .- ..- ...

... -.-. .... -. .. - -   ..- -. -..   .-- .- .-. ..- --

Multitasking

... du, das war so was von leer in dem Bus und da...
Hallo, komm rein, mein Schatz!
... und da fällt natürlich so ein Kerl ...
Ja, nimm dir was zu trinken!
... da fällt ein Kerl mit so einem altmodischen Hut ...
Oh nein! Das war der Salmiakgeist! Jetzt schnell den Mund mit Wasser spülen!
... also, mit so einem altmodischen Hut auf, weißt du, so einer mit Kordel wie ein Trachtenhut ...
Moment, es hat geklingelt! – Ja, danke! Tschüss!
Und einen Hals hatte der Kerl – Äh, sorry! ...
Oh, da tropft es von der Decke! ...
Also, was habe ich gesagt? Ach so, ja, der hatte einen Hals, mindestens zehn Zentimeter länger als üblich ...
Ja natürlich wischst du das jetzt auf!
... zehn Zentimeter, sage ich dir und dann hättest du mal hören sollen, wie der klang als er ...
Ja, was ist denn jetzt schon wieder? Setz dich hin und hör auf zu heulen!
... also, der wurde angerempelt von jemandem und da sprang der auf und machte einen Veitstanz und noch dazu in einem total weinerlichen Ton ...
Nein! Das war die Katze eben. Wieder ein Blumentopf weniger.
... und wie der Blitz rennt der ...
Huch! Was war das? Bist du noch da? Da war so ein Blitz eben und es stinkt! ...
... rennt der dann auf einen freien Sitz. Ich denke, was ist mit dem los? Äh, Moment! ...
Sag mal, was raucht denn hier? Jetzt hat der die Katze in die Mikrowelle ...

Sorry! Ja, wo war ich? – Ach, so! Ja, du glaubst es nicht, aber zwei Stunden später sehe ich den wieder ...
Nein, mein Sohn hat nur mit nassen Fingern in die Steckdose gelangt!
Ja, da vor der Gare de Saint-Lazare. Da hat er sich wohl mit einem Bekannten unterhalten, der aber nicht so albern aussah, und ich hörte den sagen ...
Was? Schrei? Welcher Schrei? Moment! ...

Ach, weißt du, mein Sohn ist gerade aus dem Fenster gefallen, die Wohnung steht unter Wasser, die Mikrowelle ist explodiert, die Nachbarn treten gerade die Wohnungstür ein ... Nein, nein, was soll nun noch passieren? Nein, glaube mir, ich habe jetzt Zeit! Da kann ich dir endlich von dem Knopf an dem seinem Mantel erzählen und wie dieser Kamerad da ...

Neusprech
(Nach den Sprachregelungen in George Orwells Roman 1984)

S-Bus, Gutfahrzeit. Innen sitzte Menscher, 26, Althut, Hals unkurz. Fahrfreunde steigten aus. Nebenmenscher plusbreitweise. Menscher unfroh: «Weg, sonst Messer!» Dann springte auf unbesetzt.

2 Std. drauf. Planquadrat R17. Gutmensch intusfühl ratvoll: «Knopf an Mantel!»
An Offen, weil pluszu.

Polysyndeton

Es holpert und rumpelt und brummet und zischt,
der Bus zwischen Autos und Lastern sich mischt.
Und in ihm ein Bengel und Knabe und Boy,
So fesch und so rank und so, dass man sich freu.
Man rumpelt und rammelt und rempelt ihn an,
er fluchet und flehet und flüchtet drauf dann.
Dabei er verlieret am Mantel 'nen Knopf,
er klaget und blicket und gar wie ein Tropf.
Nun sucht er und sieht wen und schreit: «Kamerad!»
Der kommt auch und zeiget und gibt einen Rat:
«So nimm dir den Knopf und dann Nadel und Faden.
Näh 'n Knopf an den Mantel und Schluss mit dem Schaden!»
Der Knabe, er danket und freuet sich dann.
Sein Freund macht den Motor des Mopeds drauf an.
Nun wallt es und siedet und brauset und zischt.
Flugs fährt er von dannen, mehr sehen wa nischt.

Praeteritio

Ich will ja keinesfalls sagen, dass er stand, aber der Bus war festgefahren. Es wird sie vielleicht nicht interessieren, jedenfalls saß in dem Bus eine Type, die hatte einen Hals, wie ich ihn noch nie gesehen habe, ganz zu schweigen von ihrer lächerlichen Kopfbedeckung. Nun ist es ja möglicherweise der falsche Zeitpunkt zu erwähnen, dass sein Hut zudem noch albern auf dem langen Hals herumwackelte, denn diese Type wurde dauernd angestoßen. Ich erzähle jetzt lieber nicht, dass er dann auf einen anderen Sitz auswich.

Es dürfte mitunter gewiss unpassend erscheinen zu bemerken, dass ich ihn zwei Stunden später auf der Cour de Rome erspäht habe, weil das so aussieht, als wäre ich ihm nachgeschlichen. Ich bin ja niemand, der tratscht, jedoch traf er sich dort mit einem Freund. Und ich weiß, so etwas sagt man nicht, allerdings dieser Freund machte ihm deutlich, wie abgerissen er aussah, indem er ihm empfahl, wenigstens für einen gescheiten Verschluss an seinem Mantel zu sorgen. Aber dann passierte Folgendes...

Wie? Was soll das heißen: Sie möchten sich keineswegs so verstanden wissen, dass Sie das alles nicht interessiert?

Relativ

Also, ich kann Ihnen das absolut genau erzählen, wie das war. So Leute sollte man ja nicht entwischen lassen, und wenn ich Ihnen meine detaillierten Beobachtungen schildere, dann fangen Sie den bestimmt.
Ich erinnere mich exakt: Der besagte Kerl fuhr in einem Autobus der Linie B. Oder war es die S? Weiß ich jetzt nicht! Oder war das im Zug? Ich bin nämlich an dem Tag sowohl mit dem Bus wie mit dem Zug gefahren. Das ist jetzt schon so lange her. Na ja, so um vier Uhr war es, glaube ich. Moment, kann auch gegen zwei gewesen sein. Na, sagen wir halb drei. Oder war es um sechs? Jedenfalls war es ein Jugendlicher. Halt, nee. Der war Bartträger. Kann also schon etwas älter gewesen sein, so um die fünfzig vielleicht. Ich weiß nur, der hatte einen Hut auf dem Kopf. Ja, richtig, einen Hut. Aber keinen solchen mit Hutband, sondern mit einer Kordel, verstehen Sie? Ach Gott, der hatte ja die Kordel vielmehr um die Stirn! Also nur die Kordel, keinen Hut! So wie die Indianer. Und der schaute halt immer so ständig nach oben. Ob er einen langen Hals deswegen hatte? Nun, im Grunde, vielleicht schon, aber nein, eher nicht. Doch dann gab es plötzlich einen heftigen Streit. Oder zumindest etwas lebhaftere Töne. Moment, jetzt weiß ich es. Die kannten sich und erzählten sich laut prustend Witze. Der Kerl musste dann aussteigen und so war sein Platz dann frei. Das war aber das letzte Mal, dass ich ihn sah. Absolut. Glauben Sie mir! Doch, doch!

\- - - - - -

Nein, da bin ich mir ziemlich sicher. Seitdem ist er nicht mehr aufgekreuzt.

\- - - - - -

Entschuldigung! Jetzt fällt mir gerade ein, ich habe ihn doch noch mal kurz gesehen. Zwei Tage später, nein zwei Stunden später, Quatsch, zwei Wochen später war das. Genau! Da sah ich ihn an der Cour de Rome. Was sage ich da? In der Gare Saint-Lazare war das vielmehr. Da stand er am Fahrkartenschalter und der Beamte zeigte ihm einen Ausschnitt, was weiß ich, von so einem Streckennetzplan. Und er hatte dabei einen Anzug an, der aus lauter Knöpfen bestand. Wie? Ein Straßenmusiker, meinen Sie? Äh, jetzt, wo Sie es sagen, fällt mir ein, den Typ habe ich ja gar nicht in Paris gesehen. Das war in Rio im Karneval vor zehn Jahren. Ja, bitte. Ich hoffe, ich habe Ihnen helfen können.

Schlagzeilen

LANGHALS-MONSTER ERSCHRECKT FAHRGÄSTE

STREIT IM BUS ESKALIERT

MODEMESSE AN DER COUR DE ROME

KNÖPFE SIND WIEDER IN

Schnitte und Klebungen

Im Aut obu s der Li nie S, zur Hau ptverk ehr szeit. E in Kerl vonet wasech sund zwa n zig Jah re n, weic her Hutm it Kor delan stel ledes Ban de s, zulan ger H als, als hät temand ar ang ez o gen. Leu test ei genau s. Derin Fra gestehe nde Ker list ü berse in en Nach bar nerb ost. Er-wirf tih mvor, ihnje des Mal, wennje mand vor beik ommt, anz ur empeln. Wei nerli cher To n, d erbö sartig klin gen soll. Al serei nenle eren Plat zsieht, stürz ters ichdara uf.

Zwei Stu n dens pät er seh eichihnand er Courde Ro me, vord er Ga re Saint-La zarewi eder. Erist mite inem Kam era denz usam men, derz uihms agt: «Dus ollt estdir n ochei ne n Kno pfand ei nen Übe rz ie hernä hen lass en.» Erz eig tihm woam Auss ch nit tun dwa rum.

Sherlock Holmes

«Rekapitulieren wir noch einmal, Watson. Was haben Sie im Autobus der Linie S beobachtet?»

«Da war so ein Bursche von etwa sechsundzwanzig Jahren. Der hatte einen wabbeligen Hut auf. Ja, und an dem Hut war eine Kordel. Ungewöhnlich langer Hals. Fast könnte man sagen, da hat jemand daran gezogen. Dieser Mensch hatte Stress mit seinem Nachbarn. Er warf ihm vor, ihn immer, wenn jemand durchwollte, anzurempeln. Er hatte dabei einen heulenden und fast schon aggressiven Ton. Als dann ein Platz leer wurde, stürzte er sich drauf.»

«Aha! Ein Hut mit Kordel, sagten Sie. Was schlussfolgern Sie daraus, Watson?»

«Ähm, höchstens, dass er einen anderen Geschmack als die meisten Leute hat ...»

«Oder?»

«Tja nun, allerhöchstens, er ist es gewohnt, so einen Hut zu tragen oder sogar einen solchen tragen muss.»

«Genau! Sie haben es Watson!»

«Ich verstehe nicht!»

«Denken Sie doch einmal nach! Wer trägt denn Hüte mit einer Kordel?»

«Ich habe mal jemanden damit gesehen, der war bei der amerikanischen Kavallerie. Ah, Sie meinen, der Kerl war Amerikaner?»

«Warum nicht? Und jetzt kommt der zweite Punkt. Sie haben ihn doch später wiedergesehen?»

«Genau, zufällig zwei Stunden danach vor der Gare Saint-Lazare. Er war dort mit einem etwa gleichaltrigen Mann zusammen, und ich hörte den zu ihm sagen: ‚Du

sollltest dir aber jetzt ganz schnell einen Knopf an deinen Überzieher nähen lassen.'»
«So, so! Nun überlegen wir mal! Ein Amerikaner und ihm fehlte wohl ein Knopf.»
«Das ist ja nichts Außergewöhnliches.»
«Es sei denn, ihm fehlte der Knopf, weil er ihm heruntergerissen wurde. Und wobei könnte das passiert sein?»
«Sie meinen doch nicht ...»
«Aber sicher, Watson! Weil ein Kampf stattgefunden hat. Und nicht nur das! Ein Amerikaner im Ausland, der vielleicht auf der Flucht ist und sich gerade durch einen Kampf seiner Festnahme entzogen hat, wobei ihm sein Verfolger einen Knopf abriss. Das erklärt doch auch, dass er mit diesem rüpelhaften Rempler im Bus nicht unbedingt Streit suchte, sondern sich eher davonmachte, indem er sich auf einen freien Platz begab. Außerdem machte er einen langen Hals, weil er sich dauernd umsah, ob man ihm auf den Fersen ist. Und der weinerliche Ton war vielleicht der amerikanische Akzent.»
«Richtig! Und der Kerl auf der Cour de Rome war sein Komplize!»
«Sie haben es erfasst! Wie lange ist das her?»
«Gerade mal fünf Minuten.»
«Kommen Sie Watson! Wir müssen einen amerikanischen Spion stellen!»

Sprichwörtlich

Was gehörnt ist, will immer gestoßen haben.

Da geht einem der Hut hoch.

Doch böser Leute Fahrt währt nicht lange,
denn Gott ist nicht beim Fuhrwerk.

Der Klügere gibt nach.

Fünf Minuten vor der Zeit,
ist des Soldaten Pünktlichkeit.

Macht man keinen Knopf am Faden,
so geht der Stich verloren.

Stau

Am frühen Morgen jenes Tages rollte in der Straße, in der der S-Bus fährt, ein schwarzes, rauchendes Ungetüm heran. Es hatte Räder und tuckerte unheimlich. Kurz zuvor riegelten einige Männer in orangefarbenen Westen und weiten Handwerkerhosen die Straße mit rot-weiß-gestreiften Absperrungen und Verkehrsschildern ab. Die Kerle brüllten sich etwas in einer slawisch klingenden Sprache zu und reckten ab und zu die Arme empor. Nachdem sie drei Stunden alles in ruhiger Gelassenheit aufgebaut hatten, begannen sie nicht etwa ihre eigentliche Arbeit, sondern setzten sich in einen Laster und frühstückten ausgiebig. Nichts konnte sie dabei aus der Ruhe bringen. Es war wie ein heiliges Ritual, das mit großer Ernsthaftigkeit betrieben wurde. Das konnte dauern, nach hinten offen sozusagen. Danach ging es jedoch los, da rauchten sie eine. Und endlich, eine weitere Stunde war vergangen, lasen sie die Zeitung, und erzählten sich Witze.
Der Verkehr in jener Straße aber war längst ins Stocken geraten. 3 Busse, 24 Räder, 1 Motorrad, 17 Laster und 117 Automobile kamen keinen Zentimeter mehr voran.
Bedauerlicherweise konnte der S deshalb auch nicht wenden. Innen saß ein junger Herr mit einem altmodischen Hut, der nervös auf seine Uhr schaute und dann seinen Hals reckte, um zu erkunden, ob er hinter der Windschutzscheibe etwas entdecken würde, was den andauernden Stillstand erklären könnte.
Vielversprechend quoll eine schwarze, stinkende Rauchwolke aus dem Teerwagen, der erfahrene Beobachter jedoch wusste, dass dieser keinesfalls schon zum Einsatz kommen würde, schließlich war noch nicht einmal

die Straße aufgerissen. Da erschien plötzlich ein wichtig wirkender Mann mit einem gelben Schutzhelm und gestikulierte und zeigte und gestikulierte und rief und gestikulierte und schrie. Zur Unterstützung seiner Argumente hielt er einem der Straßenbauarbeiter einen Zettel hin, mehrfach mit der Hand draufschlagend. Daraufhin wurde alles abgebaut und zehn Meter weiter wiederaufgebaut. Danach widmete man sich gründlich einer Tätigkeit, die man unschwer als Hauptfrühstück deuten konnte. Inzwischen war es halb elf geworden.

Nach anderthalb Stunden war der Bus endlich an eine Ecke gekommen, an der er abbiegen konnte, denn der Fahrer wollte den Stau umfahren. Doch war er bisher nie in diese Straße hineingeraten, sonst hätte er seinen Entschluss bereut. Zunächst musste er an einem Bahnübergang warten, danach kam er nur langsam voran, weil rechts ein Radfahrer mit seinem viel zu breiten Dreirad völlig gemütlich dahintuckerte. Dann parkte ein Postauto unerlaubt auf der Spur.

An der Baustelle, die diesen Stau verursachte, war plötzlich das Wort «So!» zu hören, was verheißungsvoll klang. Tatsächlich schoben die Männer ein Pressluftgerät an die neue Stelle, zeichneten etwas auf den Straßenbelag. Man merkte ihnen den unbedingten Willen zum Erfolg ihrer Tätigkeiten an. Eine Weile lang schien es tatsächlich voranzugehen, aber plötzlich deutete einer in die Luft und rief den anderen etwas zu. Jetzt merkten sie es auch. Es begann zu schneien. Ein Wink genügte und alles wurde wieder weggepackt. Die Männer verkrochen sich in ihren Kleinlaster. Zwanzig Minuten später schneite es immer noch.

Der S-Bus hatte schon drei Kilometer nicht abbiegen können, um in eine parallel verlaufende Straße zu seiner sonstigen Route zu kommen. Es war wie verhext. Mittelstreifen, die nicht überfahren werden konnten, Geradeaus-Fahrgebote und ein Unfall an einer unglücklichen Stelle brachten ihn immer mehr vom Ziel ab. Doch dann nur trennte ihn noch eine Ampel von der wichtigen Abbiegemöglichkeit. Laute Sirenen verkündeten in diesem Moment, dass sich in der Straße seines Zieles ein Feuerwehrzug näherte. Dadurch wurden alle Ampeln per Funk auf Rot gestellt. Nichts ging mehr.

Langsam kam der Abend heran. Das Wetter hatte sich nur wenig geändert. Auf der Baustelle tat sich nichts. Der Stau währte inzwischen schon acht Stunden. Nur einmal kam ein Mann aus dem Kleinlaster und drückte an dem Licht an der Absperrung einen Schalter, der daraufhin zu blinken anfing. Dann fuhren die Männer weg. Deshalb bemerkten sie auch nicht, dass aus dem Teerwagen erst langsam, dann immer mehr die zähe Masse herausquoll und sich in der Baustelle verteilte.

Jetzt war es dem Busfahrer des S genug. Er sah er sich berufen, den ersten Schritt zu machen, die Situation aufzulösen und loszufahren. Als er um die Ecke gebogen war, sah er die Baustellenabsperrung. Der junge Mann hörte den Fahrer laut über die Baustelle schimpfen. Dann gab der Fahrer auf einmal Gas und raste auf die Absperrung zu. Augenblicklich blieb der Bus im ausgelaufenen Teer stecken.

An der Cour de Rome wartet ein Herr nun schon zwölf Stunden auf einen Bekannten wegen der Übergabe eines idiotischen Knopfes.

Stichomythie

Er saß im Bus.
Warum auch nicht?
Mit diesem Hals!
Stand er vielleicht?
Es kam zum Streit.
Tat man ihm was?
Dann stürzt er weg.
Ein leerer Platz?

Zwei Stunden drauf!
Etwa der Knopf?
Er fehlte halt.
Es ist banal!
Und doch fragst du!

Superkurz mit Kerlen

Kerle im Bus.
Kerl mit Hut.
Kerl ohne Hut.
Kerl rempelt.
Kerl mosert.
Kerl flüchtet.
Kerle am Platz.
Kerl ohne Knopf.
Kerl mit 'nem Tipp.
Kerle naa.

Traum

Also, Sie haben schon acht Jahre keine Beziehung mehr gehabt? Nun, Sie schilderten doch zuletzt diesen immer wiederkehrenden Traum mit dem übervollen Autobus der Linie S in der Rushhour, in dem Sie sitzen. Wenn Sie mich fragen, dann bedeutet dies möglicherweise, dass Sie sich unterdrückt fühlen. Bedenken Sie: Gerade die Linie S. Da sitzen die Leute meistens wie Sardinen in der Dose! Da müssen Sie im Traum das Gefühl bekommen, zu ersticken. Außerdem berichteten Sie von einem riesigen Jägerhut, den Sie während der Fahrt tragen, von dem die Kordel auf den Boden wie ein Zopf herunterhängt. Und Sie erwähnten diesen unverschämten Rempler, der Sie andauernd bedrängt. Sie beschweren sich dann über ihn und fangen aber dabei an zu weinen. Sehr interessant, muss ich sagen. Merken Sie es nicht? Der Traum zeigt Ihnen, Sie sind anders. Das sieht man ja! Der übergroße Hut mit der langen Kordel. Ein deutlicher Hinweis. Und man diskriminiert Sie, weil Sie eben abweichend vom Massengeschmack sind, sich ungewöhnlich kleiden. Begreifen Sie denn nicht? Sie leiden drunter, deshalb auch dieses Weinen.
Im Weiteren erzählten Sie von Ihrer Angst vor dem Drängler und dass Sie sich deshalb auf den nächsten freien Platz gestürzt hätten.
Hier zeigt Ihnen der Traum doch bereits eine Lösung! Da ist ein freier Platz! Und Sie nutzen das, merken Sie? Danach müssen Sie im Leben suchen. Und ich glaube, die Lösung liegt bereits in der nächsten Traumsequenz, gerade weil diese sich immer wieder wie in einer Schleife wiederholt. Da rät Ihnen doch ein Freund, Sie sollen sich

einen Knopf an den Mantel nähen lassen. Ich weiß, Träume sind immer merkwürdig, aber keineswegs bedeutungslos! Vielleicht ist es nun einmal Ihr Aussehen, weswegen Sie die Leute meiden, denn Sie sollten sich ja einen Knopf annähen lassen. Immer wieder weist Sie der Traum darauf hin! Na also! Das ist es doch! Gehen Sie zum Friseur, lassen Sie sich liften, kaufen Sie sich einen schicken Anzug mit vielen Knöpfen und einen auffälligen Hut. Dann wird es beim nächsten Rendezvous über eine Kontaktanzeige schon klappen. Glauben Sie mir! Dieser Traum zeigt Ihnen die Zukunft.

Tür auf für Jandl

Tür auf
Mann mit Hut
Tür auf
Viele raus
Tür auf
Mann mit Wut
Tür auf
Hut geht raus

Jandl zählt:
Knopf fehlt

Überschneidun

gen Mittag im Autobus der Linie **S** saß da ein Kerl von etwa **26** Leute stiegen an der Haltestelle **aus**gerechnet dieser Kerl, der einen Hut mit Kordel **anstelle**n muss man sich nun mal an jedem Stopp, aber dem dauerte das **zu langer** Hals, als hätte man daran **gezogen** und so ertönte das Signal zum **Halt!** Jedes Mal, wenn jemand vorbeikommt, rempeln Sie mich *an*dererseits stürzte er sich sofort auf einen leeren Platz, als er diesen **sah** er zwei Stunden später an der Cour de Rome, vor der **Gar** nicht lang, da traf er einen Kameraden, der zu ihm sagte: «Du solltest dir noch **wo** (am Ausschnitt) und **warum** auch immer einen Knopf an deinen **Über**raschendes Ende der Geschichte.

Überwachungskamera

16:53 Uhr
Der Verdächtige fährt mit dem Bus der Linie S in Richtung Champerret. Er ist ca. 26 Jahre, auffallend langer Hals, bekleidet mit einer dunklen Jacke und weichem, grauem Hut mit heller Kordel anstelle eines Bandes.
16:55 Uhr
Verdächtiger diskutiert erregt mit einem Sitznachbarn. Vermutlich beschwert er sich über diesen, da er vorher mehrfach von ihm bedrängt wurde. Es kommt zu einer offensichtlich lautstarken Auseinandersetzung mit wildem Gestikulieren und Handgreiflichkeiten.
17:01 Uhr
Der Verdächtige verlässt nun fluchtartig seinen Platz, um sich einen anderen zu suchen, gerät dabei aber aus dem Observierungsbereich und ist nur undeutlich am Bildrand zu erkennen.
19:10 Uhr
Der Verdächtige wird mit einer unbekannten Person an der Cour de Rome, direkt vor der Gare Saint-Lazare gesichtet. Beide diskutieren kurz. Der Unbekannte berührt mit der rechten Hand den Mantelkragen des Verdächtigen. Deutlich zu sehen ist, dass der Unbekannte dem Verdächtigen gleichzeitig mit der linken Hand einen kreisrunden Gegenstand in die Hand drückt. Dies scheint die Übergabe zu sein. Daraufhin wird Befehl zum Zugriff erteilt. Die beiden Observierten werden augenblicklich von der Spezialeinheit umstellt.
19:37 Uhr
Bei der Überprüfung der Personalien behaupten die beiden Aufgegriffenen, sie seien von einem Künstler offiziell

autorisierte Handlungsberechtigte in einem Ereignis, das jeden Tag zur gleichen Uhrzeit bei einer Fahrt in der Linie S in Richtung Champerret stattfände. Ihnen wird kein Glauben geschenkt. Sie bleiben deshalb weiter in Haft. Dennoch ordnet der Einsatzleiter eine visuelle Überprüfung der Fahrten des Busses am nächsten Tag für diesen Zeitraum an.

Darauffolgender Tag, 16:55 Uhr
Die Überwachungskamera im Bus S zeigt einen Passagier, der sich merkwürdig verhält. Er rückt beständig seinen Körper hin zu einem freien Platz neben sich, fängt dann plötzlich an, herumzuschreien, zu gestikulieren und in die Luft zu boxen. Schließlich bewegt er sich so, als ob er jemanden schubsen würde, bis er durch ein Übermaß an Schwung versehentlich in den Gang fällt.
Die Überprüfung des kreisrunden Gegenstandes hat nach mehrstündiger Untersuchung in einem Speziallabor ergeben, dass es sich um einen gewöhnlichen Knopf handele.

Ungefähr

Eben fährt der S-Bus vorüber. Es sind nur zwei Fahrgäste darin zu sehen. Einer davon scheint einen Hut zu tragen. Sie diskutierten und werfen plötzlich die Hände hoch. Der mit dem Hut steht auf und verlässt seinen Platz. Dann wieder Diskussion und wildes Gestikulieren. Der mit dem Hut springt während der Fahrt aus dem Bus.

Wesentlich später auf der Cour de Rome ist er mit jemand anderem zu sehen. Der Andere bewegt die Arme und spricht etwas. Auf einmal rennt der mit dem Hut schreiend davon und der Andere verfolgt ihn mit einer Nadel und einen Knopf in den Händen.

Urcheindander

Im Litobus der Aunie S, zur Zeiptverkehrshaut. Ein Jerl von etwa sanzundzwechsig Hahren, weicher Kot mit Bardel anstelle des Kundes, zu zoger Hals, als hätte man daran gelangen. Steite leugen aus. Der in Krage behende Ferl ist über seinen Bachnarn erstost. Er vorft ihm wirr, ihn jedes Mal, wenn jemand vorkei bommt, rennzuampeln. Tönerlicher Wein, der klosartig singen boll. Als er einen pleeren Latz sieht, drauft er sich stürz.

Spei Stunden zwäter sehe ich ihn an der Rour de Lazare, vor der Gare Saint-Come wieder. Er ist mit einem Makeraden zusammen, der zu ihm sagt:
«Du solltest dir noch einen Zopf an deinen Überknieher lähen nassen.»
«Und warum?»
«Dann kann man sich endlich mal wieder normal unterhalten.»

Urteil

*Der Angeklagte Raymond Queneau, *21. Februar 1903 in Le Havre, †25. Oktober 1976 in Neuilly bei Paris, von Beruf Schriftsteller, wird wegen Belästigung der Allgemeinheit nach § 118 des Ordnungswidrigkeitengesetzes und § 201 des Strafgesetzbuches zu einem Monat Gefängnis auf Bewährung verurteilt. Die Bewährungszeit dauert drei Jahre. Die Kosten des Verfahrens tragen die Erben.*

Der Angeklagte hat in einem Autobus der Linie S den dort als Fahrgast eingestiegenen Kläger mehrfach absichtlich angerempelt, um nach seinen Angaben «mit diesem Impuls eine Geschichte für ein noch zu schreibendes literarisches Experiment entstehen zu lassen.» Bei der Rempelei kam es zu einer lautstarken Auseinandersetzung. Der belästigte Kläger flüchtete sich aus Angst vor dem Angeklagten auf einen freien Platz und verletzte sich dabei nach seinen Angaben leicht. Attest liegt vor.
Der Angeklagte stellte dem Kläger im Weiteren nach und belauschte ihn zwei Stunden vor der Gare Saint-Lazare bei einem Gespräch mit einem Kriegskameraden. Dieser Bekannte des Klägers bestätigte im Zeugenstand, in dem Moment zum Kläger gesagt zu haben: «Du solltest dir wenigstens einen Knopf an deinen Überzieher nähen lassen.»
Diese Aussage hat sich der Angeklagte umgehend in ein Notizheft geschrieben und sie später mit dem Ereignis insgesamt auch noch in einer Kurzgeschichte veröffentlicht. Der Kläger fühlte sich dadurch kontrolliert und in

seiner Privatsphäre eingeschränkt. Dies ist nach § 201, Absatz 2, Ziffer 2 des StGB eine Verletzung der Vertraulichkeit des Wortes. Angesichts der Tatsache, dass der Angeklagte inzwischen verstorben ist, wird die Strafe zur Bewährung ausgesetzt. Gegen das Urteil ist kein Einspruch zulässig. Es ist damit rechtskräftig.

Verrat

«Das ist doch eigentlich klar: Es heißt da in diesem Text ‚Im Autobus der Linie S' und S ist der 19. Buchstabe im lateinischen Alphabet, der vierthäufigste Buchstabe und der zweithäufigste Konsonant. Da haben wir also schon mal die Zahlen 19, 4 und 2. Dann kommt die 26 dazu: Später lesen wir ja: ‚Ein Kerl von etwa sechsundzwanzig Jahren'. Und schließlich die 2 in ‚Zwei Stunden später sehe ich ihn an der Cour de Rome'. Ich würde sagen, daraus ergibt sich ein Datum mit: 1942, 26 und 2, am ehesten also der 26.2.1942. Mit Sicherheit ein Geburtsdatum. Und noch etwas ist mir aufgefallen: Die Reihenfolge der Vokale im Text entspricht genau dem Aufbau der Partitur zu Messiaens Motette für vierstimmigen gemischten Chor und Orgel namens ‚O Sacrum Convivium!' aus dem Jahre 1937, weshalb wir davon ausgehen können, dass der Gesuchte den Vornamen Messiaens trägt, nämlich Olivier. Etwas irritiert hat mich allerdings, dass der Abstand der in diesem Text erwähnten runden Gegenstände, also der Hut, der Cour de Rome und der Knopf, im Verhältnis des Goldenen Schnitts zueinander auftauchen. Aber das mag reiner Zufall sein. Entscheidend ist für mich vielmehr die Systematik der Satzzeichen! Sie entspricht exakt dem Ablauf der Bewegungen, die im Mittelalter der Papst in Rom vom Petersdom über den labyrinthartigen Geheimgang in die Engelsburg bei drohender Gefahr gehen musste. Diese Bewegungen übertragen auf das lateinische Alphabet eines Ouia-Brettes ergeben genau den Nachnamen unseres besten Geheimagenten. Alles zusammen verrät so, wer er ist.»

«Unglaublich! Sie sind ein Genie! Das heißt also, dieser Ausgangstext der ‚Stilübungen' ist in Wirklichkeit nichts anderes als ein sorgfältig versteckter Geheimcode zum Verrat unserer besten Leute an den Feind! Ich danke Ihnen! Sie haben unserem Lande wirklich einen unschätzbaren Dienst erwiesen. Morgen lasse ich den Autor, diesen Raymond Queneau, verhaften!»

Warten

Warten
Warten
Warten auf den Weltuntergang
Warten
Warten
Warten auf ein Zeichen
Warten
Warten
Warten auf den S-Bus
Warten auf einen leeren Platz
Warten auf Erhofftes
Warten auf der Cour de Rome
Warten auf den Zufall
Warten auf ein Wunder
Warten auf Godot
Warten
Warten
Warten
Warten

Dann kam er doch noch: Godot
Sagte aber nur etwas von einem Knopf

Warum
(Camillo Felgen gewidmet)

Du sahst es sofort,
da am Mantel muss er hin,
ja, das wär' der richtige Ort
für den Knopf, das mache Sinn.
Dann meinst du, so ohne Knopf
säh' ich arg verlassen aus.
Und du fragst,
wie es geschah,
nach dem Wo und dem Warum.

Ich wollt' glücklich sein,
Doch Du ließest mich allein.
Knopf, kommst Du zurück?
Sag, wann scheint mir das Glück?

Nachts geh ich dahin.
Ich bin allein, und frag' warum.
Die Tage gehen mir nicht aus dem Sinn,
Und ich frag' mich: Warum?
Du fielst herab, aber wohin?
Ich rief Dich, Knopf,
Doch Du bliebst stumm.
Du fühlst es nicht.
Wie einsam ich bin.

Ich wollt' glücklich sein,
Doch Du ließest mich allein.
Knopf, kommst Du zurück?
Sag, wann scheint mir das Glück?

Oh ja, das wär' schön.
Du am Mantel
wieder dran,
Doch ich bin einsam,
Bin immer einsam,
Und ich frage mich: Warum?

Warüm

Der Autobus führe.
Der Kerl erbüse.
Der Kerl würfe vor.
Der Nachbar rümpele.
Der Kerl flühe.

Dann trüfe der Kerl.
Dann rüte der Freund.
Dann sülle der Kerl.
Dann züge der Freund.
Wo und warüm.

Was heißt da

Es war heute im Autobus. Nicht irgendein Autobus natürlich, sondern der Bus der Linie S.
Was heißt da S?
Es war die Strecke der Linie S, die zur Cour de Rome führt.
Was heißt da führt?
Stadteinwärts halt, weil da die Cour de Rome erst ganz zum Schluss kommt. Und es war nicht mal einfach so, sondern zur Stoßzeit.
Was heißt da Stoßzeit?
Um 17 Uhr war es. Genau dann hockte da so ein Bürschelchen herum.
Was heißt da Bürschelchen?
Ein junger Typ halt von etwa sechsundzwanzig Jahren mit einem endlosen Hals.
Was heißt da endloser Hals?
Der sah aus, als hätte er auf der Streckbank gelegen. Und obendrauf, was ganz ulkig aussah, ein freches Hütchen.
Was heißt da freches Hütchen?
Das war nicht irgendein Hütchen, sondern so eines mit Kordel. Der Kerl da, der hat den neben ihm angeschnauzt.
Was heißt da angeschnauzt?
Er warf ihm vor, ihn jedes Mal, wenn jemand vorbeikam, anzuschubsen.
Was heißt da anzuschubsen?
Ihn im Grunde rücksichtslos wegzustoßen, damit er mehr Platz hätte. Zwei Stunden später sehe ich die beiden an der Cour de Rome wieder.

Was heißt da Cour de Rome?
Genauer, vor der Gare Saint-Lazare. Sie duellieren sich mit Pistolen, wobei der zufällig vorbeikommende Erzähler dieses Ereignisses versehentlich getötet wurde.
Wie? Was da «versehentlich getötet» heißt?

Wie Kultur entsteht

Stellen wir uns mal vor, in einem Autobus machen sich wegen einer Rempelei zwei Männer gegenseitig an, und der Angerempelte trifft sich danach mit einem Freund, der ihm einen Verschönerungstipp für seinen Mantel gibt. Das kann man sich aufschreiben und sogar vorlesen. Es wird genauso öde und belanglos bleiben, wie es klingt.

Wenn das Ganze nun beim Aufschreiben etwas präzisiert wird, wenn also der Autobus nicht nur ein Autobus, sondern speziell ein Autobus der Linie S ist, wenn einer der beiden Männer zum Beispiel nicht nur so als Mann, sondern als ein Kerl von etwa sechsundzwanzig Jahren, zusätzlich mit einem weichen Hut mit Kordel anstelle des Bandes und mit zu langem Hals, als hätte man daran gezogen, beschrieben wird, und wenn weitere Details über den Ablauf der Rempelei, der Ort des Treffens mit dem Kameraden sowie der genaue Inhalt ihres Gespräches vermittelt werden, dann ist dies schon etwas ganz Anderes. Es dürfte vermutlich ein Protokoll eines Detektives sein, das durchaus in seiner Art öfter verfasst wird, aber nichts literarisch Niveauvolles darstellt.

Wenn nun dieser Vorfall aber in einem Buch steht, wenn er zudem ziemlich rätselhaft erscheint, weshalb man sich fragt, was eine Rempelei in einem Bus, ein Treffen zweier Freunde und ein fehlender Knopf denn überhaupt miteinander zu tun haben, und wenn diese Geschichte zudem immer und immer wieder von vorne hundertmal erzählt wird, dann handelt es sich plötzlich um Kunst. Das merkt man sofort! Das merkt sogar der Busfahrer!

Wort, das letzte

«Es war...»
«... *im Autobus der Linie S ...*»
«... und zwar ...»
«... *zur Hauptverkehrszeit.*»
«Also, da war ...»
«... *ein Kerl von etwa sechsundzwanzig Jahren.*»
«So einer mit weichem Hut ...»
«... *und Kordel anstelle des Bandes.*»
«Ja, doch, als hätte man ...»
«... *daran gezogen.*»
«Jedenfalls, dieser Kerl ...»
«... *war über seinen Nachbarn erbost.*»
«Er ...»
«... *warf ihm vor ...*»
«Nein, stopp! Stopp! Ich werfe Dir jetzt was vor!»
«*Ja, was denn?*»
«Jedes Mal, wenn ich etwas sagen will, nimmst du mir ...»
«... *das Wort aus dem Mund!*»
«Ja, da schon wieder! Warum lässt du mich denn verdammt noch mal keinen einzigen Satz ...»
«... *zu Ende sprechen?*»
«Spinnst du? Lass das gefälligst! Was soll ...»
«... *das?*»
«Ja, was soll das? Ich erzähle hier die Geschichte! Woher willst du denn das ...»
«... *alles wissen?*»
«Ja, genau!»
«*Ganz einfach: Ich war der Typ aus dem Bus. Schau mich an! Hier fehlt mir der Knopf am Überzieher!*»
«Also, da fehlen mir die ...»
«... *Worte! Sag ich doch!*»

Wotsepp

Bus ist voll  Verkehr busy   

Blödmann  boxt mich hier dauernd  

Der spinnt total 

Verzieh mich lieber 

Vergiss nicht: 19 Uhr!  Cour de Rome

Bring Knopf mit 

Bis dann   

Wunsch

Manchem mag das Folgende äußerst seltsam erscheinen, aber ich musste es einfach tun. Ich hatte es ihm nicht nur versprochen, sondern ich wollte es auch einmal selbst erleben. Und so setzte ich mich mit ihm in den Autobus, der früher der Linie S entsprach. Wir saßen uns beide gegenüber und warteten darauf, dass sich jemand neben mich setzte. Doch der Erwünschte wollte und wollte nicht kommen. So fuhren wir schließlich die Strecke vierzehnmal ab. Dann endlich war es soweit. Tatsächlich setzte sich neben mich ein junger Mann, Mitte zwanzig mit einem Jägerhut. Da sagte mein Freund: «Jetzt!» und in diesem Augenblick schubste ich den Mann mit vollem Körpereinsatz vom Sitz. Mein Freund fing sofort an zu lachen und konnte sich kaum mehr einkriegen. Natürlich bekamen wir beide alle möglichen Beschimpfungen von anderen empörten Passagieren ab, aber insbesondere von dem jungen Mann, der mir sogar einen Tritt versetzte und uns anbrüllte, sich dann aber weit weg von uns setzte, womit der Zwischenfall beendet war. Ich ertrug die Situation zwar mit äußerster Anspannung und Selbstkontrolle, war aber froh, dass sie immerhin einigermaßen glimpflich ausgegangen war. Doch war dies nur der erste Teil des Ereignisses.

Zwei Stunden später befinde ich mich mit meinen Freund auf der Cour de Rome, vor der Gare Saint-Lazare umher. Wir beobachten die Leute. Wieder sagt mein Freund plötzlich «Jetzt!»
Daraufhin halte ich einen jungen Mann an, sage: «Entschuldigen Sie bitte einen Moment!», setze ihm einen

vorher gekauften Jägerhut auf und bemerke, dabei auf den Ausschnitt seines Mantels deutend: «Du solltest dir noch einen Knopf an deinen Mantel nähen lassen.»
Natürlich ist der Mann total perplex, haut mir den Hut vor die Füße und schreit: «Sag mal, hast du sie nicht alle oder was?»
Und wieder lacht sich mein Freund dabei schräg und applaudiert sogar mit Bravo-Rufen. Als der Mann verstört davonläuft, stoße ich einen großen Seufzer der Erleichterung aus und bin froh, dass es nun endlich vorbei ist.
In diesem Moment ruft mich mein Freund zu sich, drückt mich fest und bedankt sich bei mir. Ja, sage ich, ich habe es gern getan. Nach all den Jahren, in denen er sich mit dieser banalen Episode beschäftigte, sie immer wieder neu geschrieben hatte, in allen stilistischen Varianten, die ihm einfielen, wofür ich ihn rückhaltlos bewundere, nach all den Jahren wollte er sie selbst einmal erleben, diese blöde Geschichte vom Autobus der Linie S. Dafür mietete ich sogar einen Bus in Paris und ließ ihn als Linie S ausstatten, denn eine Linie S gibt es inzwischen schon gar nicht mehr. Ich gehe zwar seitdem diesen «Stilübungen» aus dem Weg, aber in diesem Moment freue ich mich mit ihm und genieße sein Glück. Es ist immerhin der größte Wunsch Raymonds gewesen.

Zensur

Im Autobus ~~der Linie S~~[2], zur Hauptverkehrszeit. Ein Kerl von etwa sechsundzwanzig Jahren, weicher Hut mit Kordel anstelle des Bandes~~, zu langer Hals, als hätte man daran gezogen~~[3]. Leute steigen aus. Der in Frage stehende Kerl ~~ist über seinen Nachbarn erbost. Er wirft ihm vor, ihn jedes Mal, wenn jemand vorbeikommt, anzurempeln~~.[4] Weinerlicher Ton, der bösartig klingen soll. ~~Als er einen leeren Platz sieht, stürzt er sich darauf.~~[5] Zwei Stunden später sehe ich ihn ~~an der Cour de Rome, vor der Gare Saint-Lazare~~[6] wieder. Er ist mit einem Kameraden zusammen, der zu ihm sagt: ~~«Du solltest dir noch einen Knopf an deinen Überzieher nähen lassen.»~~[7] Er zeigt ihm wo (am Ausschnitt) und warum.

2 Verrät dem Feind womöglich Truppenbewegungen.

3 Folteropfer dürfen nicht erwähnt werden.

4 Könnte als Unruhe in der Bevölkerung interpretiert werden.

5 Flucht könnte als Zeichen von Niederschlagung der Opposition gesehen werden.

6 Treffpunkte sind grundsätzlich geheim zu halten.

7 Hier wird möglicherweise eine Parole preisgegeben. Staatsgefährdend!

Zeugma

Die Fahrt ist lang und auch sein Hals.
Er fährt im Bus und hoch vor Schreck.
Da stößt ihn wer, doch nicht auf Freude.
Er wechselt Platz und auch die Stimmung.
Dann kommt der Freund und die Erkenntnis:
Es fehlt ein Knopf und auch ein ...

Ausfall (auch des Alphabets)

Dieser Text fällt aus.

Der Knopf wurde gestohlen.
Der Hut wurde verloren.
Der Mantel wurde daheim vergessen.
Der Autobus hatte einen Unfall.
Der Kerl wurde entführt.
Der Sitznachbar liegt krank im Bett.
Der Kamerad hatte sich im Termin vertan.

Ach, so! Sie sind auch nicht da?
Na dann!

Zu Ende

Der junge Mann blieb einfach zuhause. Er wollte nicht mehr in diesem beknackten Bus fahren und den bescheuerten Hut mit Kordel aufsetzen. Sein langer Hals störte ihn sowieso. Er hatte die Faxen dicke. Und er wollte sich auch nicht mehr Tag für Tag von irgend so einem Idioten anrempeln lassen. Inzwischen hatte er bereits blaue Flecken davon. Das Rumgezackere mit diesem Trampel ging ihm tierisch auf den Sack. Es war zudem nicht seine Art, quengelig zu klingen, immer nachzugeben und Konflikten aus dem Weg zu gehen. Und außerdem, als er das letzte Mal den Platz wechselte, verrenkte er sich sogar den Fuß.

Die zwei Stunden Wartezeit an der Cour de Rome kotzten ihn ebenso an. Was soll man an dieser Ecke denn bloß machen? Busse zählen? Weibern hinterher pfeifen? Kaffee trinken? Alles schon ausprobiert. Und diesen Satz mit dem Knopf annähen, er konnte ihn nicht mehr hören. Er hatte ihn bis heute nicht kapiert. Was sollte der eigentlich bedeuten? So was Idiotisches! Die letzten Male ließ er vor lauter Unlust schon den Mantel daheim. Und erst dieses Gefummele am Ausschnitt da.

Jetzt war sowieso alles vorbei, nachdem er seinem Kameraden zum Schluss einen Fausthieb verpasst hatte. Das war das Beste, was er machen konnte. Nun würde er für keinen Leser mehr diese ewig gleiche Show abziehen. Endlich! Endlich Schluss damit.

Hans-Jürgen Lenhart

Ich bin Sprachforscher,
weil ich etwas forscher
mit der Sprache umgehe.
Hans-Jürgen Lenhart

Jahrgang 1954, wohnt in Frankfurt am Main. Tätigkeiten als Musikjournalist, Radiomoderator, Kleinkünstler, Kulturaktivist. 285 Auftritte als Autor mit eigenen Lese-Programmen und musikalischen Literaturprojekten. Veröffentlichungen in Anthologien, Schulbüchern, Tonträgern sowie Kurzgeschichtensammlungen. 1999 Sieger des Hessischen Poetry Slams.
«Warten auf Queneau» ist eine Hommage an Raymond Queneaus Buch «Stilübungen». Viele von Lenharts Texten stammen aus seiner dazu entwickelten szenischen Lesung. Queneaus Klassiker hat seit Langem die Texte seiner Leseprogramme inspiriert. Dadurch wurde er motiviert, eigene stilistische Variationen der Originalgeschichte zu schreiben und aktuelle Entwicklungen der Sprache einzubinden.

Raymond Queneau

– Sprechen, das heißt
vor sich selbst hermarschieren –

war ein französischer Schriftsteller (1903-1976), der Kontakt zu den Surrealisten hatte. Sein 1947 erschienenes Buch *Exercices de Style* (dt.: «Stilübungen») inspiriert bis heute Sprach- und Literaturbegeisterte in aller Welt. Er gründete mit anderen Autoren zusammen 1960 die heute noch existierende, internationale Literatenbewegung *OuLiPo* (franz.: *Ouvroir de la Literature potentielle* – «Werkstatt für Potentielle Literatur»). Diese arbeitet nach dem Prinzip der Einschränkung, indem sich die Autorinnen und Autoren selbst erfundene Regeln für Texte geben. Sein größter Erfolg war der 1959 erschienene Roman *Zazie dans le métro* (deutsch: «Zazie in der Metro»), der die Alltagssprache verstärkt in die französische Literatur einbezog. Das Buch wurde 1960 von Louis Malle verfilmt (dt. Titel «Zazie»).

Etliche weitere experimentierfreudige Autoren

finden sich im Programm des axel dielmann – verlag Frankfurt am Main: Martin Bullinger, Iris Welker-Sturm, Gert Reising, Jakob Sturm, Jörg Simon, Michael Wäser, Olaf Velte, Judith Hennemann, Martin Westenberger, insgesamt die Lyrikerinnen und Lyriker, deren Arbeiten und Bände im Verlagsprogramm breiten Raum einnahmen. – Bleiben Sie neugierig: